道路运输行政执法疑难问题解答

本书编写组　编

人民交通出版社

内 容 提 要

本书主要内容共分为综合、道路旅客运输、道路货物运输、机动车维修与驾驶员培训、车辆管理、执法监督和行政处罚七章，可作为道路运输管理人员、执法人员学习和培训的教材，也可供道路运输企业从业人员学习参考。

图书在版编目（CIP）数据

图书在版编目(CIP)数据

道路运输行政执法疑难问题解答 / 本书编写组编. —
北京：人民交通出版社，2007.11
ISBN 978-7-114-06890-4

Ⅰ.道… Ⅱ.道… Ⅲ.公路运输－交通运输管理－行政执法－中国－问答 Ⅳ.D922.145

中国版本图书馆 CIP 数据核字(2007)第 164186 号

书　　名：道路运输行政执法疑难问题解答
著 作 者：本书编写组
责任编辑：黄景宇
出版发行：人民交通出版社
地　　址：(100011) 北京市朝阳区安定门外外馆斜街 3 号
网　　址：http://www.ccpress.com.cn
销售电话：(010) 59757969，59757973
总 经 销：北京中交盛世书刊有限公司
经　　销：各地新华书店
印　　刷：北京鑫正大印刷有限公司
开　　本：787 × 980　1/16
印　　张：16
字　　数：234 千
版　　次：2007 年 11 月第 1 版
印　　次：2009 年 3 月第 3 次印刷
书　　号：ISBN 978-7-114-06890-4
印　　数：8001－13000 册
定　　价：28.00 元

编写组 *Bian Xie Zhu*

张立伟　陈继梦　霍　莉　王赣军　徐同连

刘海荣　刘红黎　王振军　卢立新　吴汝明

刘美银　方明凤　周坚清　罗　华　周中颖

裴增武　黄　峰　史　凯　任艳静　贺广玲

傅泽锋　曾　敏　张江浩　李晓峰　邓　军

王　浩　白永彤　赵春春

前言 Qianyan

为维护道路运输市场秩序，保障道路运输安全，保护道路运输有关各方当事人的合法权益，促进道路运输业的健康发展，国务院先后颁布了《中华人民共和国道路运输条例》、《危险化学品安全管理条例》，交通部及时制定了《道路旅客运输及客运站管理规定》、《道路货物运输及站场管理规定》、《道路危险货物运输管理规定》、《机动车维修管理规定》、《机动车驾驶员培训管理规定》、《国际道路运输管理规定》和《道路运输从业人员管理规定》7 部配套规章。这些行政法规、规章的颁布实施，为依法行政和依法治运奠定了坚实的法律基础。各级交通主管部门、道路运输管理机构以及道路运输经营者在贯彻执行和学习这些行政法规、规章的过程中，存在一些疑难问题，希望予以解答。

为帮助道路运输管理人员和从业人员学习好、理解好、贯彻好《中华人民共和国道路运输条例》及配套规章，我们针对一些典型问题进行了归纳整理，组织人员对问题进行了讨论、研究，并予以解答，形成了《道路运输行政执法疑难问题解答》一书。希望这本书能够起到释疑解惑的作用，增强广大执法人员增强学法、用法的积极性，增强道路运输管理人员的法制观念，提高执法水平，加强我国道路运输行政执法队伍建设，促进道路运输经营者守法经营。

本书共收集典型问题 181 个，按照每个问题的特点，将其分为综合、道路旅客运输、道路货物运输、机动车维修与驾驶员培训、车辆管理、执法监督和行政处罚七章。每个问题分为“标题”、“来信”、“解答”3 个部分，“标题”列出问题的核心部分，“来信”简要介绍问题的来由、存在的疑难点，“解答”则通过分析问题，简明扼要地予以回答问题。

在编写过程中，我们力求每个问题都能够给读者提供一些关键的知识点，方便道路运输管理机构工作人员和道路运输从业人员学习。本书内容和实例翔实、直观，易学易懂，可以作为道路运输管理人员、执法人员学习和培训的教材，可供道路运输企业从业人员学习参考。

由于编者水平有限，书中难免有不妥之处，敬请读者批评指正。

本书编写组

目 录 *Mulu*

第一章 综 合

第二章　道路旅客运输

第三章　道路货物运输

第四章　机动车维修与驾驶员培训

第五章　车辆管理

第六章　执法监督

第七章 行政处罚

第一章　综　　合

1. 驾驶员姓名与《道路运输证》上的姓名不符该怎么处理?

来 信 我县道路运输执法人员在依法进行路查路检时,经常发现道路运输车辆的驾驶员姓名与《道路运输证》上的姓名不符,驾驶员未到道路运输管理机构申请从事道路运输经营,未取得道路运输行政许可。经查,属驾驶员私下购买他人道路运输车辆从事道路运输经营活动。对于这种行为,道路运输管理机构能否对其实施行政处罚?如能,应当适用《中华人民共和国道路运输条例》中的哪一条?

答 根据《中华人民共和国道路运输条例》和《关于启用新版道路运输证件的通知》(交公路发[2005]524 号)以及交通部其他有关文件的规定,《道路运输证》是车辆被允许使用从事道路运输经营活动的资格证件,而不是驾驶员的资格证件。驾驶员从事道路运输经营活动的资格证件是取得相应的驾驶证和从业资格证。因此,在道路运输经营活动中,驾驶员的姓名与《道路运输证》上的姓名可能存在不一致的情况,如驾驶员在具备相应资格条件下被道路运输经营者聘用。而且在《道路运输证》中,是指"业户名称",而非"驾驶员姓名"。正因如此,道路运输管理机构在实施监督检查过程中,不能简单认为驾驶员与《道路运输证》上的姓名不符就是未取得道路运输经营许可擅自从事道路运输经营活动的行为。

而对于来信中反映的"未取得道路运输经营许可,私下购买他人取得《道路运输证》的车辆从事道路运输经营活动的行为",则是违反《中华人民共和国道路运输条例》的规定,属于未取得道路运输经营许可,擅自从事道路运输经营的行为,道路运输管理机构应当依据《中华人民共和国道路运输条例》第六十四条的规定,责令停止经营;有违法所得的,没收违法所得,处违法所得 2 倍以上 10 倍以下的罚款;没有违法所得或者违法所得不足 2 万元的,处 3 万元以上 10 万元以下的罚款;构成犯罪的,依法追究刑事责任。

2. 道路运输企业擅自转让后该如何处理?

来　信　某公司经我省运管局审核批准,具备从事道路旅客运输经营资格,我省运管局向其核发了《道路运输经营许可证》。之后,该公司在当地经营多年。后现经调查发现,该公司法人代表未经我省运管局批准同意,擅自将该公司转让给他人从事运输经营活动,转让费用不详。

我省运管局想依据《中华人民共和国道路运输条例》和《道路旅客运输及客运站管理规定》对原公司和新公司实施处罚,但原公司法人代表已与我省运管局失去联系。请问对于这种情况,我们该如何处理?

答　根据《中华人民共和国公司法》等法律、行政法规的规定,公司可以依法进行合并和分立,并按照有关规定办理相关手续。但是,《中华人民共和国行政许可法》第九条规定,依法取得的行政许可,除法律、法规规定依照法定条件和程序可以转让的外,不得转让。同时《中华人民共和国道路运输条例》第三十四条规定,道路运输车辆应随车携带《道路运输证》,不得转让、出租。根据这些法律规定,从事道路运输经营活动的公司可以依法进行合并或转让,但是不得将依法取得的道路运输经营许可证件转让给他人从事经营活动。这是因为原公司取得的道路运输经营许可证件是建立在符合《中华人民共和国道路运输条例》及《道路旅客运输及客运站管理规定》规定条件基础上的,如果将道路运输行政许可证件转让给新公司从事经营活动,新公司不能肯定符合《中华人民共和国道路运输条例》规定的条件,这可能使道路运输经营活动存在安全隐患,给人民群众造成人身伤亡和财产损失。而且客运班线经营权也是批准给原公司的,不允许私下擅自转让。

因此,道路运输企业依法转让给其他公司后,新公司应当依据《中华人民共和国道路运输条例》的规定,重新申请取得道路运输经营许可,经批准获得道路运输经营许可证件后方可从事道路运输经营活动。对于新公司未依法取得道路运输经营许可的,擅自从事道路运输经营的,应当根据《中华人民共和国道路运输条例》第六十四条的规定,由县级以上道路运输管理机构责令停止经营;有违法所得的,没收违法所得,处违法所得2倍以上10倍以下的罚款;没有违法所得或者违法所得不足2万元的,处3万元以上10万元以下的罚款;构成犯罪的,依法追究刑事责任。对于原公司转让道路运输经营许可证件的行为,应当依照《中华人民共和国道路运输条例》第六十七条的规定,由县级以上道路运输管理机构责令停止违法行为,收缴有关证件,处2000元以上1万元以下的罚款;有违法所得的,没收违法所得。

在办理此类案件中,关键在于取证是否充分。如通过调查取证可以认定是转让道路运输经营许可证件的行为,则可依据《中华人民共和国道路运输条例》第六十四条、第六十七条的规定分别对受让许可的企业和转让许可的企业实施行政处罚。如通过调查取证不能认定许可证件转让行为或者仅为法人变更行为的,则不能依据《中华人民共和国道路运输条例》第六十四条、第六十七条的规定实施行政处罚,而是应当责令当事人将工商登记事项变更结果报道路运输管理机构备案或办理法人代表变更手续。

当然,为方便道路运输企业合并和分立,推动道路运输企业做大、做强,对于道路运输企业整体性(包括人员、车辆、设施设备)进行转让,并且符合《中华人民共和国道路运输条例》规定条件的,道路运输管理机构对新公司提出的申请,应当尽快作出批复,方便新公司尽快进行道路运输经营活动。

3. 申请人所申请的运输车辆数少时，是否可不予办理或者要求挂靠到其他单位？

来　信　在我们实际工作中，许多申请从事道路运输经营的当事人，都是一辆车，过程非常烦琐。如果按照申请逐个办理，不仅工作量大，而且不善管理，还影响年终考核。因此，我们想对运输车辆较少的申请人不予办理《道路运输经营许可证》，或让此类申请人挂靠到车辆较多的运输单位。请问，这种做法是否妥当？

答　根据您来信的内容，你们对车辆数少的申请人不予办理《道路运输经营许可证》，或要求挂靠到其他较多运输车辆单位的理解或做法是错误的。根据《中华人民共和国道路运输条例》以及交通部有关规章的规定，对于是否批准申请人从事道路运输经营活动，关键是看申请人是否符合《中华人民共和国道路运输条例》以及《道路旅客运输及客运站管理规定》或《道路货物运输及站场管理规定》或《道路危险货物运输管理规定》所规定的法定条件，而不是简单看申请人的车辆是多还是少，也不是车辆多的就符合法定条件、车辆少的就不符合法定条件。如果申请人符合法定条件的，道路运输管理机构在考虑到各种因素的前提下（如客运经营许可要考虑市场的供求状况），应当予以许可，并按规定向申请人发放《道路运输经营许可证》，向运输车辆配发《道路运输证》，而不能简单地以车辆数少、业户多、不善管理、影响年终考核为由不予行政许可。同时，根据《道路旅客运输及客运站管理规定》第五条"禁止挂靠经营"的规定，运用行政许可权利强制要求申请人挂靠到其他运输经营单位的想法更是错误的。

4. 行政许可收费和行政事业性收费有什么区别?

来　信　《中华人民共和国行政许可法》规定,行政机关实施行政许可和对行政许可事项进行监督检查,不得收取任何费用,除非法律、行政法规另有规定。请问:道路运输管理机构征收的运管费是否也属于《中华人民共和国行政许可法》规定的不得收取的费用?如果是,我们下一步将无经费来源,请问该怎么办?

答　行政许可收费和行政事业性收费有着本质性的区别。行政许可收费是指行政机关在实施行政许可和对行政许可事项进行监督检查时所收取的费用;而行政事业性收费是行政事业性单位根据法定管理职责实施行政管理时,由于国家财政经费不足,依照国家有关规定向当事人收取的用于行政管理的费用。因此,不能把行政许可收费和行政事业性收费混为一谈。

《中华人民共和国行政许可法》第五十八条对行政许可收费进行了调整。其中规定,行政机关实施行政许可和对行政许可事项进行监督检查,不得收取任何费用。但是,法律、行政法规另有规定的,依照其规定。行政机关提供行政许可申请书格式文本,不得收费。行政机关实施行政许可所需经费应当列入本行政机关的预算,由本级财政予以保障,按照批准的预算予以核拨。因此,对行政许可的收费按照《中华人民共和国行政许可法》和有关法律、行政法规执行;对于行政事业性收费按照有关行政事业性收费的法律、行政法规和部门规章执行。

而国家有关的法律、行政法规和规章对行政事业性收费进行了明确规定。由于财政经费不足,为了满足道路运输行政管理的需要,交通部、财政部于1986年联合发布了《公路运输管理费征收和使用规定》,开征了运管费,作为道路运输管理机构的经费,专款专用。今后,道路运输管理机构应当继续按照《公路运输管理费征收和使用规定》征收运管费,作为道路运输管理机构的经费。

关于因实施道路运输行政许可和对道路运输行政许可进行监督的行政许可收费,则按照《中华人民共和国道路运输条例》的规定执行。《中华人民共和国道路运输条例》第八十一条规定,道路运输管理机构依照本条例发放经营许可证件和《道路运输证》,可以收取工本费。工本费的具体收费标准由省、自治区、直辖市人民政府财政部门、价格主管部门会同同级交通主管部门核定。

5.《中华人民共和国道路运输条例》颁布后，汽车租赁业应当怎样管理?

来　信　《中华人民共和国道路运输条例》将道路运输范围界定为道路运输经营和道路运输相关业务，其中道路运输经营包括客运经营、货运经营；道路运输相关业务包括运输站(场)经营、机动车维修经营、机动车驾驶员培训。而汽车租赁是对外提供车辆出租并收取费用的有偿服务行为，从其经营性质和经营范围来看，应当属于营业性道路运输经营行为。由于对汽车租赁管理找不到明确的实施行政许可的法律规定，因而不能办理汽车租赁的经营许可。对此，请问几个问题：一是这类汽车租赁行业是否应该纳入道路运输管理机构的管理范畴？二是汽车租赁业是否应该取得《道路运输经营许可证》之后方可营业？三是如果由道路运输管理机构管理，应按什么手续办理，应当具备哪些开业条件，应当提供哪些资料？四是目前我自治区正在对区道路运输管理条例进行修订，区人大、区政府法制局也将对道路运输管理开展执法调查，是否应当将汽车租赁以地方性法规的形式予以规范管理？

答　《中华人民共和国道路运输条例》对与道路运输安全紧密相关的道路客运、道路货运以及运输站场、机动车维修、机动车驾驶员培训业务作了规定，而对与道路运输经营活动不甚紧密的汽车租赁未予调整。但是，不能笼统地说，《中华人民共和国道路运输条例》没有规定汽车租赁业就不需要政府部门的管理。相反，对于汽车租赁业，由于涉及人民群众生命和财产安全，应当加强对其的监管。

在国家没有制定法律、行政法规前，各级交通主管部门和道路运输管理机构可以依据1998年交通部、原国家计委联合发布的《汽车租赁业管理暂行规定》(交通部、国家计划委员会令1998年第4号)对汽车租赁业履行监管职责。

但是，根据《中华人民共和国行政许可法》的规定，法律可以设定行政许可。尚未制定法律的，行政法规可以设定行政许可。必要时，国务院可以采用发布决定的方式设定行政许可。实施后，除临时性行政许可事项外，国务院应当及时提请全国人民代表大会及其常务委员会制定法律，或者自行制定行政法规。尚未制定法律、行政法规的，地方性法规可以设定行政许可；尚未制定法律、行政法规和地方性法规的，因行政管理的需要，确需立即实施行政许可的，省、自治区、直辖市人民政府规章可以设定临时性的行政许可。临时性的行政许可实施满一年需要继续实施的，应当提请本级人民代表大会及其常务委员会制定地方性法规。地方性法规和省、自治区、直辖市人民政府规章，不得设定应当由国家统一确定的公民、法人或者其他组织的资格、资质的行政许可；不得设定企业或者其他组织的设立登记及其前置性行政许可。其设定的行政许可，不得限制其他地区的个人或者企业到本地区从事生产经营和提供服务，不得限制其他地区的商品进入本地区市场。由于目前尚未制定汽车租赁业管理的法律和行政法规，《汽车租赁业管理暂行规定》所设定的行政许可不符合《中华人民共和国行政许可法》的规定，因此，交通主管部门和道路运输管理机构不得依据《汽车租赁业管理暂行规定》继续对申请从事汽车租赁经营活动实施行政许可。

在没有制定汽车租赁业管理的法律、行政法规之前，申请从事汽车租赁经营活动的，可向工商行政管理机关办理登记手续；办理登记手续后，再到道路运输管理机构进行备案，并按照《汽车租赁业管理暂行规定》的有关规定进行运营。汽车租赁经营者不按《汽车租赁业管理暂行规定》进行运营的，交通主管部门和道路运输管理机构可依照《汽车租赁业管理暂行规定》的规定，按照法定程序，对汽车租赁经营者实施相应的行政处罚。

由于汽车租赁经营活动涉及人民群众生命安全，为加强对汽车租赁经营活动的监管，保护各方当事人的合法权益，各省（自治区、直辖市）应当加大立法研究，可单独制定地方性法规或将其纳入地方道路运输管理条例中予以调整。地方在进行立法时，可按照《中华人民共和国行政许可法》的规定，依法设定相应的行政许可，加强对汽车租赁经营活动的监管，维护市场经营秩序。

6. 私家小轿车擅自从事道路运输经营发生事故的，道路运输管理机构是否要承担责任？

来　信　近年来，随着我县经济快速发展，很多富裕起来的家庭购买了私家小轿车，这些车大部分都是自用，但也有个别车辆除了自用外，有时也偷偷从事道路运输经营活动，这些私家车由于都是停在自己家里，从不主动拉客，一般都是熟人找上门，所以道路运输执法人员很难取得他们从事运输的证据，难以对这些车辆进行有效监管。请问，如果这些车辆在非法经营过程中发生交通事故，道路运输管理机构应不应该承担责任呢？

答　对于私家小轿车擅自从事道路运输经营活动的行为，道路运输管理机构应当依据《中华人民共和国道路运输条例》进行依法查处。道路运输管理机构在查处此类违法行为时，应当进行深入调查取证，做到重证据、重事实，防止发生错案和损害当事人权益。对于这类违法行为，如在运输过程中发生道路交通事故，造成乘客人身伤亡和财产损失的，应当主要由违法行为的当事人——车主承担，同时乘车者由于明知车主没有合法手续情况下而乘坐此类车辆，因此也应当承担一部分责任。道路运输管理机构的主要职责是对运输市场负监管责任，加大对这类违法行为的打击力度，维护运输市场秩序，保护当事人以及其他道路运输经营者的权益。因此，由于未取得道路运输经营许可擅自从事运输经营活动所发生的事故，由于责任在“黑车”车主和乘客，因此道路运输管理机构不应承担法律责任。当然，如果由于道路运输管理机构不作为，如有人举报这辆“黑车”，而道路运输管理机构未及时进行查处，未履行监管职责的，道路运输管理机构也应负一定的监管责任。

7. 使用农用五轮车从事道路运输经营活动是否可征收运管费?

来 信 新的一年交通规费征收工作即将开始,我们在道路运输管理中遇到这样一个问题。根据国务院有关部委减轻农民负担的文件,将免征农用三轮车的运管费。但是,最近一些生产厂家生产出的农用三轮车后置为双轮,实为农用五轮车,载质量都在5吨左右。这些车辆不是用于农田生产,而是用于从事道路运输经营活动,严重扰乱了道路运输市场秩序,更为严重的是安全隐患较多。同时,一些合法运输经营者对道路运输管理机构对这些车辆不征收运管费和不进行管理意见很大,认为已造成不公平竞争。请问,是否应对这些运输车辆征收运管费?

答 2006年国家发展改革委印发了《关于规范三轮汽车、低速货车管理有关事项的通知》(发改产业[2006]823号),将"三轮农用运输车"统一更名为"三轮汽车","四轮农用运输车"统一更名为"低速货车"。

为减轻农民负担,国务院有关部门决定免征三轮汽车的运管费,各地应当认真贯彻执行。根据有关文件精神,享受免缴运管费必须符合以下两个条件:一是必须是农民。根据有关文件精神,减免对象是农民,而非农民户口的人使用农用三轮汽车从事道路运输经营活动,应当按照规定缴纳相应费用;二是必须是三轮汽车或农用拖拉机。根据财政部、国家发展改革委发布的《关于全国性及中央部门涉及农民负担的行政事业性收费项目审核处理意见的通知》(财综[2003]89号)和财政部、国家发展改革委、交通部联合发布的《关于对三轮汽车免收有关收费等问题的通知》(财综[2004]67号)的规定,对三轮汽车和农用拖拉机免收运管费。除三轮汽车和拖拉机之外,对于其他汽车,包括农用四轮车、农用五轮车,从事道路运输经营活动的,都应当按相应规定缴纳运管费及其他交通规费。同时,对于免收运管费的三轮汽车,如从事道路运输经营活动的,尽管不需要缴纳运管费,但仍需要按照《中华人民共和国道路运输条例》及其配套规章的规定,依法申请,取得道路运输经营许可证件,确保运输安全,否则不得从事道路运输经营活动。未取得道路运输经营许可擅自从事道路运输经营活动的,道路运输管理机构应当依照《中华人民共和国道路运输条例》的规定,对其实施相应的行政处罚。

8. 承运人责任险有无定点的保险公司?

来　信　《中华人民共和国道路运输条例》规定“客运经营者、危险货物经营者应当投保承运人责任险”。我县客运公司为了扩大通村客运覆盖面,新购了4台面包车,并在我县大地保险公司按照《中华人民共和国道路运输条例》要求投保了承运人责任险。但是,由于未到中国人民保险公司投保,而不能办理牌照等手续。请问《中华人民共和国道路运输条例》规定的承运人责任险有无指定的保险公司,运输经营者有无选择保险公司的权利?

答　《中华人民共和国道路运输条例》第三十六条规定,客运经营者、危险货物运输经营者应当分别为旅客或者危险货物投保承运人责任险,这是法律规定的强制性险种,是确保道路旅客运输或危险货物运输经营者发生事故后有能力赔付的法律规定。但是,《中华人民共和国道路运输条例》并未规定承运人责任险应当在哪一家保险公司进行投保。也就是说,道路旅客运输或危险货物运输经营者只要按规定的数量在合法的保险公司进行了投保,确保赔付能力,选择哪一家保险公司进行投保都是可以的。当然,也应当各省鼓励采取团购方式投保承运人责任险,达到保费低、赔付额高的目的。各地在要求运输经营者投保承运人责任险时,应当遵循公平竞争的原则,并充分保护运输经营者的合法权益。

9. 道路运输管理机构对客货运车辆超载还有无监督之责?

来　信　《中华人民共和国道路运输条例》的出台标志着我国道路运输立法取得重大突破,作为运管人我们对道路运输业发展信心倍增。在学习《中华人民共和国道路运输条例》的过程中,我们对该条例的第三十五条之规定发生激烈争论。

《中华人民共和国道路运输条例》第三十五条规定:“道路运输车辆运输旅客的,不得超过核定的人数,不得违反规定载货;运输货物的,不得运输旅客,运输货物应当符合核定的载质量,严禁超载;载物的长、宽、高不得违反装载要求。违反前款规定的,由公安机关交通管理部门依照《中华人民共和国道路交通安全法》的有关规定进行处罚。”根据这条规定,部分同志认为《中华人民共和国道路运输条例》是目前我国调整道路运输关系法律效力最高的法规,既然明确作出对客运货车辆超载、客货混装的违法行为由公安机关交通管理部门依照《中华人民共和国道路交通安全法》的有关规定进行处罚,因此,道路运输管理机构就不再对上述违法行为负监督之责,更不该对上述违法行为进行处罚,否则就属越权行政。但也有同志认为,确保道路运输生产安全是道路运输管理机构的责任之一,按照谁审批谁负责的原则,运输车辆的载员载质量既然由道路运输管理机构核准就必须担负起监督之责。当发现上述违法行为时,必须予以纠正,并根据地方性法规或《道路运输行政处罚规定》的相关规定对当事人从严处罚,否则就有失职之嫌。请问,以上两种意见哪个正确,在日常工作中我们对上述违法行为又该如何处理?

答　根据《中华人民共和国道路交通安全法》第五条规定,国务院公安部门负责全国道路交通安全管理工作。县级以上地方各级人民政府公安机关交通管理部门负责本行政区域内的道路交通安全管理工作。县级以上各级人民政府交通、建设管理部门依据各自职责,负责有关的道路交通工作。因此,公安部门对道路交通安全负主要的监督职责,交通部门根据自身职责,要配合公安部门做好道路交通安全工作。具体到道路运输生产活动中,交通部门要根据《中华人民共和国道路运输条例》规定，严把市场准入关、车辆技术关、从业人员关和加大对运输站场的监督。因此，道路运输管理机构对道路运输安全具有重要职责，如《中华人民共和国道路运输条例》第六十二条赋予道路运输管理机构的工作人员在实施道路运输监督检查过程中，发现车辆超载行为的，应当立即予以制止，并采取相应措施安排旅客改乘或者强制卸货的规定，就是道路运输管理机构对超载违法行为具有监管之责的具体体现。

根据《中华人民共和国道路运输条例》的规定，道路运输管理机构对超载违法行为不具有行政处罚权。《中华人民共和国道路运输条例》第三十五条规定："道路运输车辆运输旅客的，不得超过核定的人数，不得违反规定载货；运输货物的，不得运输旅客，运输的货物应当符合核定的载质量，严禁超载；载物的长、宽、高不得违反装载要求。违反前款规定的，由公安机关交通管理部门依照《中华人民共和国道路交通安全法》的有关规定进行处罚。"这主要考虑到，一是与《中华人民共和国道路交通安全法》进行了有效衔接，由公安机关交通管理部门实施行政处罚；二是《中华人民共和国道路交通安全法》和其他法律、行政法规对超载违法行为的处罚已有规定，不再设定行政处罚，避免重复处罚；三是道路交通安全管理的职责主要在公安部门。

需要强调的是，尽管《中华人民共和国道路运输条例》没有规定道路运输管理机构对超载违法行为实施行政处罚，但并不意味着道路运输管理机构对超载违法行为不具有监管之责。但由于《中华人民共和国道路交通安全法》和《中华人民共和国道路运输条例》已经非常明确地规定公安部门负责对超载行为实施行政处罚，因此道路运输管理机构不得以超载为由，依据各省、自治区、直辖市制定的道路运输管理条例和交通部制定的《道路运输行政处罚规定》，对道路运输经营者实施行政处罚。

道路运输管理机构在监督检查中，发现站外超载行为的，可以依据《中华人民共和国道路运输条例》予以制止，并采取措施安排旅客改乘或者强制卸货，同时还可将违法行为当事人移交公安部门处理。

10. 交通事故的认定标准按照哪一个执行?

来　信　1991 年 12 月 2 日,公安部发布的《关于修订道路交通事故等级划分标准的通知》将道路交通事故分为四类,其中:特大事故为一次造成死亡 3 人以上,或者重伤 11 人以上,或者死亡一人,同时重伤 8 人以上,或者死亡 2 人,同时重伤 5 人以上,或者财产损失 6 万元以上的交通事故。2003 年 8 月 24 日,贵州省人民政府发布《关于印发贵州省生产安全事故报告和调查处理规定的通知》,将特大生产安全事故级别划分为一次死亡 10 人以上或经济损失 100 万元以上的生产安全事故,此标准包括道路交通事故。作为事故统计上报,请问应以哪个部门的规定为准?

答　根据国家的有关规定,交通事故的认定标准应当按照公安部的规定执行。根据《公安部关于修订道路交通事故等级划分标准的通知》(公通字[1991]113 号)的规定,交通事故分为以下四类:轻微事故、一般事故、重大事故和特大事故,具体遵守以下规定:

(1)轻微事故,是指一次造成轻伤 1 至 2 人,或者财产损失机动车事故不足 1000 元,非机动车事故不足 200 元的事故;

(2)一般事故,是指一次造成重伤 1 至 2 人,或者造成轻伤 3 人以上,或者财产损失不足 3 万元的事故;

(3)重大事故,是指一次造成死亡 1 至 2 人,或者重伤 3 人以上 10 人以下,或者财产损失 3 万元以上不足 6 万元的事故;

(4)特大事故,是指一次造成死亡 3 人以上,或者重伤 11 人以上,或者死亡 1 人,同时重伤 8 人以上,或者死亡 2 人,同时重伤 5 人以上,或者财产损失 6 万元以上的事故。

对于地方政府和有关部门对交通事故认定标准另有规定的,可参照执行,作为划分事故级别的重要依据,但应当应用于当地,不作为上报的标准。

11. 没有缴纳交通规费的运输车辆该怎么处理?

来 信 我是一名基层运输执法人员,在实施运输车辆源头管理过程中,发现一些车主没有按有关规定缴纳交通规费,而《中华人民共和国道路运输条例》对此又没有设定行政处罚。请问,《中华人民共和国道路运输条例》颁布以后,还能否依据交通部2001年颁布的《道路运输行政处罚规定》对拖欠、漏逃交通规费的道路运输车辆的当事人实施行政处罚吗?

答 由于交通规费属于国家规定的应当缴纳的行政事业性收费,在一些法律、行政法规和部门规章中进行了规定,因此可以依据有关规定继续征收。而《中华人民共和国道路运输条例》对收取交通规费并未作禁止性规定,因此原来有关征收交通规费的规定继续有效,交通主管部门和道路运输管理机构依法征收交通规费与《中华人民共和国道路运输条例》的规定并不相抵触。

关于公路运输管理费,道路运输管理机构仍然应当依据交通部、财政部联合颁布的《公路运输管理费征收和使用规定》([86]交公路字633号)和财政部每年公布的行政事业性收费目录进行依法征收。征收标准和征收范围仍执行现行规定,做到应征不漏,不得多收、重收。偷逃漏公路运输管理费的,道路运输管理机构应当依据《道路运输行政处罚规定》(交通部2001年第5号令)实施相应的行政处罚,并征收相应的滞纳金。

需要说明的是,运管费征收实行属地征收的原则。对于外籍运输车辆偷逃运管费的行为,道路运输管理机构应当依法实施行政处罚,但不得向其征收运管费,而应责成违法行为当事人回车籍地补缴。

关于养路费等其他交通规费,应当按照关于养路费等交通规费的征收规定进行依法征收,偷逃漏养路费等的,按照国家有关规定实施相应行政处罚和征收滞纳金。

12. 人力三轮车还要不要管?

来　信　人力三轮车从事道路客、货运输,在我们县城是很普遍的事,已成为道路运输市场的重要组成部分,以其便捷、廉价深受百姓喜爱,而且人力三轮车载着游客满街跑更是我们旅游新城的一道靓丽风景线。以前,我运管所根据我县人力三轮车管理暂行规定,对其发放经营许可证、营运证、服务证,制定服务公约,进行规范化管理。而随着《中华人民共和国行政许可法》的实施,该暂行规定已予废除,而已出台的《中华人民共和国道路运输条例》对非机动车辆从事道路运输经营的行政许可问题无明确规定。请问,这是否意味着对人力三轮车的经营管理不再是我们道路运输管理机构的职责?

答　《中华人民共和国道路运输条例》以及交通部颁布的部门规章对人力三轮车能否从事经营性的道路运输没有作明确规定。因此,各地可以依据地方性法规和规章实施相应的管理。

《中华人民共和国行政许可法》实施后,没有法定依据的,不得实施行政许可。如果你县对人力三轮车的行政许可没有法定依据,则不得实施行政许可;如果有地方性法规作依据,则可实施行政许可。

如果不能实施行政许可,但当地政府法定规定你县道路运输管理所对三轮车从事运输具有法定职责,你县道路运输管理所则仍可履行相应的监管职责。

13. 收钱是认定未取得行政许可擅自从事道路客运经营的唯一证据吗?

来　信　最近,经道路客运经营业户举报,我们查到几辆在当地办有非营运手续的“面的”车,车上载有乘客。经询问,驾驶员说是他的朋友、熟人,但说不出乘车人的姓名、地址;问乘客都说熟悉驾驶员,没有收他们的钱。经调查证实,这几辆车经常擅自从事客运经营,扰乱客运秩序,但被查时乘客和驾驶员都说没有收钱。据我们了解,这些非法经营的驾驶员在乘客上车时叮嘱过:“只要有道路运输执法人员检查时,你们都说是熟人,没有收钱。”这些车辆都是到目的地,乘客下车后才收钱。对于上述情况,能否按未经许可擅自从事客运经营进行处罚?

答　根据《中华人民共和国行政处罚法》和《中华人民共和国道路运输条例》的规定,在认定非法从事道路运输经营违法行为时,必须全面、客观、公正地调查,一定要以事实为依据,重证据。

根据《交通行政处罚程序规定》(交通部1996年第7号令)的规定,证据包括书证、物证、视听材料、证人证言、当事人陈述、鉴定结论、勘验笔录和现场笔录等。因此,认定当事人是否有非法从事运输经营活动的违法行为,不一定要见当事人是否收钱,是否收钱仅是其中证据之一。如果有非法经营的主观意图,又有违法行为的事实,即使未收钱但有足够的证据链证明违法行为存在,也可认定违法行为,依法进行查处。对于来信中反映的情况,不管车主是当场收钱还是事后收钱,其违法事实已经存在,已经违反了《中华人民共和国道路运输条例》的规定,因此可以按照有关条款对当事人实施相应的行政处罚。

需要强调的是,道路运输管理机构在监督检查过程中,要重证据、重事实,在没有足够证据的前提下,即使当事人可能存在违法行为,也不得对当事人实施行政处罚,防止发生错案,损害当事人的合法权益。同时,这样一旦被提起行政诉讼,还可能败诉。

14. 无“从业资格证”的驾驶员驾驶运输车辆发生事故的，保险公司是否应当理赔？

来　信　根据《中华人民共和国道路交通安全法》第十七条规定，国家实行机动车第三者责任强制保险制度，设立道路交通事故社会救助基金，道路运输经营业户应当积极投保。但最近有道路运输经营业户反映，缴纳了第三者责任保险，发生交通事故后，保险公司以道路运输驾驶员无从业资格证为由，不予理赔，请问这一做法有法律依据吗？

答　《中华人民共和国道路交通安全法》第十七条规定，国家实行机动车第三者责任强制保险制度，设立道路交通事故社会救助基金。具体办法由国务院规定；第七十五条规定，医疗机构对交通事故中的受伤人员应当及时抢救，不得因抢救费用未及时支付而拖延救治。肇事车辆参加机动车第三者责任强制保险的，由保险公司在责任限额范围内支付抢救费用；抢救费用超过责任限额的，未参加机动车第三者责任强制保险或者肇事后逃逸的，由道路交通事故社会救助基金先行垫付部分或者全部抢救费用，道路交通事故社会救助基金管理机构有权向交通事故责任人追偿；第七十六条规定，机动车发生交通事故造成人身伤亡、财产损失的，由保险公司在机动车第三者责任强制保险责任限额范围内予以赔偿。超过责任限额的部分，按照下列方式承担赔偿责任：（一）机动车之间发生交通事故的，由有过错的一方承担责任；双方都有过错的，按照各自过错的比例分担责任。（二）机动车与非机动车驾驶人、行人之间发生交通事故的，由机动车一方承担责任；但是，有证据证明非机动车驾驶人、行人违反道路交通安全法律、法规，机动车驾驶人已经采取必要处置措施的，减轻机动车一方的责任。交通事故的损失是由非机动车驾驶人、行人故意造成的，机动车一方不承担责任。

根据《中华人民共和国道路交通安全法》以上规定，在一般情况下，发生道路交通事故，只要机动车车主缴纳了第三者责任险的，所发生的赔偿费用都应当先从第三者强制保险责任限额范围予以赔偿；除机动驾驶人不具备资格、能够证明驾驶人故意造成交通事故等情况的，保险公司可以免除责任，可以不予赔偿。

机动驾驶人能否驾驶机动车的前提是，驾驶人是否按照《中华人民共和国道路交通安全法》的规定取得驾驶证，而不是驾驶人是否取得"从业资格证"。"从业资格证"是专门为了确保运输安全，对经营性运输车辆驾驶员所作的更高要求，不是一般条件。

同时，《机动车交通事故责任强制保险条例》第二十一条规定，道路交通事故的损失由受害人故意造成的，保险公司不予赔偿。第二十二条规定，有下列情形之一的，保险公司在机动车交通事故责任强制保险责任限额范围内垫付费用，并有权向致害人追偿：（一）驾驶人未取得驾驶资格或者醉酒的；（二）被保险机动车被盗期间肇事的；（三）被保险人故意制造道路交通事故的。有前款所列情形之一，发生道路交通事故的，造成受害人的财产损失，保险公司不承担赔偿责任。

根据上述规定，保险公司可以不承担赔偿责任的情形不包括投保人不具备从业资格证的情形。保险公司以投保人无从业资格证为由拒绝赔偿是不符合法律规定和合同约定的。因此，驾驶人只要依法取得驾驶证，并驾驶相应车辆，如果在此情况下发生道路交通事故的，保险公司必须按规定从第三者强制保险责任限额范围内予以赔偿，不得以没有取得"从业资格证"为由予以拒赔。

但需要说明的是，无从业资格证的人员不得驾驶道路运输车辆，否则将被处以行政处罚，触犯刑律的，还要依法追究刑事责任。

15. 计生证明能否作为道路运输行政许可的前置条件?

来　信　自2000年以来,我们当地政府按照《湖北省流动人口计划生育管理实施办法》的有关规定,要求道路运输管理机构在对当事人申请办理《道路运输经营许可证》和《道路运输证》时,必须先查验申请人提供的《流动人口计划生育证明》,实施"一证管多证"。无《流动人口计划生育证明》的,不得受理当事人的申请。《湖北省流动人口计划生育管理实施办法》第十条规定:"公安、工商、卫生、劳动、交通、城建(房产)、乡镇企业等部门为成年流动人口办理暂住证、营业执照、食品卫生许可证和健康证、务工许可证、施工许可证、运输许可证等证件时,应首先审查其现居住地的乡(镇)人民政府或者街道办事处查验过的婚育证明,没有婚育证明或婚育证明未经现居住地查验的,不得批准。"

随着《中华人民共和国行政许可法》和《中华人民共和国道路运输条例》的施行,广大当事人和道路运输经营者对道路运输管理机构按照《湖北省流动人口计划生育管理实施办法》,查验申请人提供的《流动人口计划生育证明》这一做法感到强烈不满,认为在办证时增加这项许可条件与《中华人民共和国道路运输条例》精神不符,纷纷指责我们违法行政,并有引发行政诉讼的迹象。请问,我们是否应该继续执行这一规定?"计生证明"能否作为实施道路运输行政许可的前置条件?

答　根据《中华人民共和国道路运输条例》第八条规定,申请从事客运经营的,应当具备下列条件:(一)有与其经营业务相适应并经检测合格的车辆;(二)有符合本条例第九条规定条件的驾驶人员;(三)有健全的安全生产管理制度。申请从事班线客运经营的,还应当有明确的线路和站点方案。第二十二条规定,申请从事货运经营的,应当具备下列条件:(一)有与其经营业务相适应并经检测合格的车辆;(二)有符合本条例第二十三条规定条件的驾驶人员;(三)有健全的安全生产管理制度。第二十四条规定,申请从事危险货物运输经营的,还应当具备下列条件:(一)有5辆以上经检测合格的危险货物运输专用车辆、设备;(二)有经所在地设区的市级人民政府交通主管部门考试合格,取得上岗资格证的驾驶人员、装卸管理人员、押运人员;(三)危险货物运输专用车辆配有必要的通信工具;(四)有健全的安全生产管理制度。因此,以上条件是从事道路旅客运输、道路普通货物运输和危险货物运输的法定条件,除此之外,道路运输管理机构在实施行政许可时,不可以增加或减少条件,必须严格按照法定条件进行许可。

根据以上精神,不可把《流动人口计划生育证明》作为道路运输经营的许可条件,否则违反了《中华人民共和国道路运输条例》的规定。道路运输管理机构也应当按照《中华人民共和国道路运输条例》的规定,严格履行好法定职责,不得把《流动人口计划生育证明》作为实施道路运输行政许可的前置条件。

16. 客运和货运驾驶员是否还要取得从业资格证?

来　信　我们在道路运输行政执法过程中遇到了一些难以处理的问题,请帮助解答。《中华人民共和国道路运输条例》第九条、第二十三条规定从事客、货运经营的驾驶人员应符合的4项条件中,未明确规定驾驶员要取得从业资格证后才能驾驶客货运输车辆,只明确规定了从事危险货物运输经营的驾驶人员、装卸管理人员、押运人员应考取"从业资格证"。请问,我们运输管理人员对驾驶员未取得从业资格证驾驶运输车辆的,是否有权进行检查和实施行政处罚?

答　《中华人民共和国道路运输条例》第九条、第二十三条分别规定了客运、货运经营驾驶人员应当具备的条件:一是要取得相应的机动车驾驶证;二是年龄不超过60周岁;三是经设区的市级道路运输管理机构对客运或者货运法律、法规、机动车维修等有关知识考试合格。

驾驶员是保证运输安全的第一道关口。设立营运驾驶人员的考试制度主要是考虑到营运驾驶员人员的驾驶行为直接关系旅客和货主的人身安全、财产安全,对他们的从业资格应当有更高的要求,特别是我国目前营运驾驶员素质普遍不高的客观现实,为保证营运驾驶员具备必要的职业素质,更好地为社会公众提供运输服务,对营运驾驶员进行考试是非常必要的。对于考试合格的驾驶人员,道路运输管理机构应当发给道路运输驾驶员从业资格证,证明其具备营运驾驶人员所应具备的能力要求和知识水平,可以从事经营性道路运输经营活动。

为加强对客货运输驾驶员的管理,提高其素质和业务技能,保证运输安全,交通部于2006年颁布了《道路运输从业人员管理规定》,对客货运输驾驶员从业资格考试、从业资格证的取得、从业资格证的管理以及相应的监督检查都作了具体规定,各地应严格执行,对违反从业人员管理的违法行为,应实施相应的行政处罚。

17. 摩托车非法从事运输经营活动该怎么办?

来　信　我县近几年来出现了许多带驾驶室的正三轮摩托车,车内设置了座位,从事客运经营活动。而且大部分车辆没有牌照,驾驶员没有驾驶证,但公开在县城和县乡道路上搞客运。目前这种车辆还在增加,导致交通秩序混乱,运行安全无法保障,经常发生事故,引起了县委和县政府的重视,并召开会议专门研究。对此,有两个疑难问题需要请教:一是此车辆是否归道路运输管理机构管理;二是对其进行取缔有没有法律依据?

答　按照《中华人民共和国道路运输条例》的规定,从事道路旅客运输经营的,必须符合法定的条件,并依法取得道路运输经营许可证。

所以,对于来信中反映的,使用没有牌照的摩托车,在未取得许可的情况下从事道路运输经营活动的行为,违反了《中华人民共和国道路运输条例》的规定,属于无证经营的行为,可以按照《中华人民共和国道路运输条例》第六十四条的规定,由县级以上道路运输管理机构责令停止经营;有违法所得的,没收违法所得,处违法所得 2 倍以上 10 倍以下的罚款;没有违法所得或者违法所得不足 2 万元的,处 3 万元以上 10 万元以下的罚款;构成犯罪的,依法追究刑事责任。

由于来信中反映的违法行为性质恶劣,车辆没有牌照、驾驶员没有驾驶证,安全隐患大,因此道路运输管理机构可以在县政府的统一部署下,联合公安等部门共同打击和查处。

18. 能否收取外地运输车辆的运管费?

来　信　我是一名驾驶员,近一段时间,我驾驶一辆小型货车拉运水果途经某县境内曾几次被拦车检查,不知什么原因,每次途经此处都要交纳50元运管费,对此我感到疑惑。根据交通部、财政部文件规定,运管费由车籍所在地道路运输管理机构征收,不得以任何借口对外籍车辆征收和重收运管费。如果实施行政处罚,应出具省级财政部门统一罚款收据,注明违反什么法律、法规,依据哪条规定处罚。而该县出具的运管费收据并未注明任何理由。请问,收取外籍过路运输车辆的运管费,这种做法对吗?

答　按照交通部、财政部联合颁布的《公路运输管理费征收和使用规定》([86]交公路字633号)的规定,为防止重复收取运管费,公路运输管理费由车籍地道路运输管理机构征收,不得征收外籍运输车辆的运管费。根据此规定,违反规定向外省籍车辆收取运管费的做法是错误,应当予以纠正。有关部门应当责成收取外省籍运输车辆运管费的部门退还当事人所收款项,并追究有关人员的责任。更需要强调的是,道路运输管理机构在实施行政处罚时,不得用运管费收据替代罚没款收据。各级道路运输管理机构应当按照《中华人民共和国道路运输条例》的规定,加强执法队伍建设,进一步强化培训,提高执法人员的法制、业务素质,规范执法行为。

19. 企业的运输车辆是否还要单独办理工商营业执照？

来 信 《中华人民共和国道路运输条例》第十条“客运经营者应当持道路运输经营许可证依法向工商行政管理机关办理有关登记手续”的含义是什么？我公司的车辆行驶证、《道路运输证》、机动车登记证书填写了企业名称，但当地工商局要求，凡冠企业名称的客货运输车辆都要一车一照，即一辆车一个营业执照，并缴纳工商管理费。我公司成立于1949年，各分支机构、车站都办理了营业执照。请问，车辆行驶证、《道路运输证》、机动车登记证书填写企业名称的客货运输车辆还要办理工商营业执照吗？

答 这实际上是两个问题。第一个问题，《中华人民共和国道路运输条例》第十条“客运经营者应当持道路运输经营许可证依法向工商行政管理机关办理有关登记手续”的规定，是关于客运经营实行前置性许可的规定。申请从事客运经营的，只有依法按照规定的程序，取得道路运输经营许可证后，方可向工商行政管理机关办理有关登记手续；未取得道路运输经营许可证的，不得先向工商行政管理机关办理有关登记手续。

第二个问题，实际上是关于工商登记手续办理的问题，这已超出了《中华人民共和国道路运输条例》的调整范围。根据《中华人民共和国企业法人登记管理条例》第十六条的规定，申请企业法人开业登记的单位，经登记主管机关核准登记注册，领取《企业法人营业执照》后企业即告成立。这并不要求每一辆客货运输车辆都要一车一照（营业执照）。对于来信中反映的要求每一辆车就要办理一个营业执照的做法是错误的，并以此收取工商管理费也是不对的。另外，根据《城乡个体工商户管理暂行条例》第七条的规定，申请从事个体工商业经营的个人或者家庭，应当持所在地户籍证明及其他有关证明，向所在地工商行政管理机关申请登记，经县级工商行政管理机关核准领取营业执照后，方可营业。

20. 如何区分经营性运输和非经营性运输?

来　信　我是运输执法一线人员,我们在查处无证营运的车辆时,遇到以下两种情况,请问应该如何定性:一是用自己的车辆为自家的商店购货服务,没有发生单独的运费结算,车主的这种行为是否属于经营性运输;二是批发商用自有车辆向零售商配送商品,同样没有发生单独的运费结算,并且商品价格和零售商自行进货的价格不一致,批发商的这种行为是否属于经营性运输?

我们知道,原来我们区分经营性运输和非经营性运输的依据是交通部、国家经委《公路运输管理暂行条例》([86]交公路字1013号),交通部《关于对营业性和非经营性运输划分问题的复函》,而《中华人民共和国道路运输条例》对此并未作具体的界定,因而我们对如何区分经营性运输和非经营性运输比较困难,并且因不同理解而被车主告上法庭。各地法院对营业性和非经营性运输的理解也不完全相同,有的地方还判道路运输管理机构败诉。恳请对此问题予以解答。

答　《中华人民共和国道路运输条例》调整的范围主要是经营性的道路旅客运输和经营性的道路货物运输以及非经营性的道路危险货物运输,但《中华人民共和国道路运输条例》没有对什么是经营性的道路旅客运输、什么是经营性的道路货物运输作出明确的界定和定义。

根据《中华人民共和国道路运输条例》的立法精神以及交通部的有关规定,区分经营性的道路运输(含客运、货运)和非经营性的道路运输,应当把握以下两点:一是是否为他人提供运输服务;二是在提供运输服务的过程中是否有取酬行为。以上两点是区分经营性和非经营性道路运输的主要标准。

在执法过程中,在具体认定经营性和非经营性的道路运输时,可以依据以下行政法规和文件:一是依据《中华人民共和国道路运输条例》的相关规定;二是依据交通部公路司《关于对营业性和非经营性运输划分问题的复函》(公运政字[2000]57号);三是依据原国家计委、财政部、交通部联合印发的《关于规范公路客货运附加费增加公路建设资金的通知》(计价管[1998]1104号)。

对于来信中反映的两种情况，可以按照以上3个文件精神来区分和认定是否属于经营性的道路运输。如果没有为他人提供运输服务并取酬的，则应认定为非经营性的道路运输；如果为他人提供运输服务并取酬的，则应认定为经营性的道路运输。

根据《中华人民共和国道路运输条例》的规定，凡参加经营性道路运输的单位和个人，必须向道路运输管理机构提出申请并取得道路运输经营许可证，运输车辆必须取得《道路运输证》。没有取得道路运输经营许可证从事道路运输经营活动的，道路运输管理机构应依据《中华人民共和国道路运输条例》第六十四条的规定，责令其停止经营；有违法所得的，没收违法所得，处违法所得2倍以上10倍以下的罚款；没有违法所得或者违法所得不足2万元的，处3万元以上10万元以下的罚款；构成犯罪的，依法追究刑事责任。所以，经营性道路运输和非经营性道路运输的界定直接关系到当事人的切身利益，因此在界定和实施行政处罚过程中，一定要慎之又慎。

道路运输管理机构在认定经营性和非经营性道路运输的过程中，具体要坚持以下几个原则：一是要严格依法界定经营性和非经营性道路运输，不得扩大或缩小范围；二是要重证据，界定经营性和非经营性道路运输不要与收费挂钩，要以事实为依据，没有足够证据证明当事人有从事道路运输经营活动行为的，一律按非经营性道路运输论处；三是在监督检查过程中，对于外省籍车辆的经营性与非经营性道路运输认定的问题，原则上应由车籍所在地的道路运输管理机构认定。道路运输管理机构在检查中发现外省籍运输车辆属于经营性道路运输的，应当将有关情况告知车籍所在地的道路运输管理机构，由车籍所在地的道路运输管理机构进行处罚；四是对于难以认定是经营性还是非经营性道路运输的，一律不得实施行政处罚，以免损害当事人的合法权益。强调要遵循以上四个原则，最主要是为了保护当事人的合法权益，同时也是为了防止道路运输管理机构因认定经营性道路运输不当，被当事人提起行政诉讼后而败诉。

另外，由于交通部、原国家经委联合发布的《公路运输管理暂行条例》（[86]交公路字1013号）已经作废，所以道路运输管理机构在执法的过程中，不可再依据这个规章来区分和认定经营性的道路运输和非经营性的道路运输。

21. 三轮车无证从事运输经营活动应当适用哪条规定实施行政处罚？

来　信　今年我县客运市场上出现一批电瓶三轮摩托车，无任何证照，不交纳任何交通规费，以低廉的价格载客，对客运市场造成很大冲击，我们在对其进行治理整顿的过程中，不知适用哪条规定较为合适，不知是否可以适用交通部《道路运输行政处罚规定》第十六条规定，即使用货车、拖拉机及其他禁止载客车辆经营旅客运输的，按装载旅客人数每人处以50元罚款，但罚款总额不得超过3000元。

答　根据《中华人民共和国道路运输条例》以及《道路旅客运输及客运站管理规定》的规定，从事道路客运经营的，应当依法申请并取得旅客运输经营许可证件。

对于来信中反映的在未取得道路客运经营许可证件的情况下，使用电瓶三轮摩托车擅自从事经营活动的行为，违反《中华人民共和国道路运输条例》和《道路旅客运输及客运站管理规定》的规定，应当依据《中华人民共和国道路运输条例》第六十四条的规定，由县级以上道路运输管理机构责令停止经营；有违法所得的，没收违法所得，处违法所得2倍以上10倍以下的罚款；没有违法所得或者违法所得不足2万元的，处3万元以上10万元以下的罚款；构成犯罪的，依法追究刑事责任。需要强调的是，由于来信中反映的这种行为，属于无证经营的行为，且《道路运输行政处罚规定》与《中华人民共和国道路运输条例》不一致，应当执行《中华人民共和国道路运输条例》的规定，因此不得依据《道路运输行政处罚规定》（交通部2001年第5号令）第十六条的规定实施行为处罚。

22. 道路运输经营许可证件是否包含《道路运输证》和从业资格证?

来 信 为认真落实交通部《关于启用新版道路运输证件的通知》(交公路发[2005]524号)的要求,作好新版《道路运输证》的换发工作,我省交通厅根据《中华人民共和国道路运输条例》就《道路运输证》和《从业资格证》的工本费收取问题与省发改委、省财政厅进行协商。但是,这两个收费审批部门认为《中华人民共和国道路运输条例》第八十一条规定的经营许可证件和车辆营运证与《道路运输证》、《从业资格证》的名称不一致,因此不同意收取《道路运输证》、《从业资格证》工本费。为及时做好换发新版《道路运输证》的工作,保障换证工作顺利进行,请对《中华人民共和国道路运输条例》中道路运输经营许可证件和车辆营运证所特指的证件名称和范围给予明确,以便与收费审批部门协商有关收取道路运输证件工本费的事宜。

答 对于来信中反映的问题,作如下答复:

一、《中华人民共和国道路运输条例》规定从事道路客货运输的车辆应当取得车辆营运证,但是条例并未具体规定车辆营运证的名称。按照《立法法》的规定,部门规章可以依据行政法规进行具体规定,因此交通部颁布的《道路旅客运输及客运站管理规定》、《道路货物运输及站场管理规定》将“车辆营运证”的名称规定为“《道路运输证》”。所以,“《道路运输证》”实际上就是《中华人民共和国道路运输条例》所指的“车辆营运证”。

二、《中华人民共和国道路运输条例》规定从事客、货运输的驾驶人员应当经设区的市级道路运输管理机构对有关法律法规、机动车维修和运输基本知识考试合格,同时交通部《道路旅客运输及客运站管理规定》、《道路货物运输及站场管理规定》规定驾驶人员考试合格的取得《从业资格证》。由于驾驶人员取得《从业资格证》是从事道路运输经营活动的许可条件之一,因此向驾驶人员颁发的《从业资格证》属于《中华人民共和国道路运输条例》所规定的经营许可证件之一。

三、根据《中华人民共和国道路运输条例》第八十一条“道路运输管理机构依照本条例发放经营许可证件和车辆营运证，可以收取工本费”的规定，道路运输管理机构可以收取《道路运输证》和《从业资格证》工本费。具体应当由省交通厅向相关部门做好解释工作，并本着实事求是和厉行节约的原则，核定《道路运输证》和《从业资格证》工本费标准。

23. 假军车或军车从事道路运输经营活动该怎么办?

来 信 最近我市辖区内军车和假军车参加道路运输经营活动的情况越来越多,其中有的是军车,有的是租赁军车,还有的是假军车。这些车辆偷逃国家税费,严重扰乱了道路运输市场秩序,在社会上造成极坏影响。请问,交通部门是否有权对军车进行检查,能否查扣假军车并依法处理这些车辆?

答 当前,一些地区还存在盗用、伪造军车号牌的问题,为从根本上遏制此类违法犯罪活动,总参谋部军务部、总政治部保卫部、总后勤部军事交通运输部、公安部办公厅、交通部办公厅联合印发了《关于继续深入开展打击盗用、伪造军车号牌专项斗争的通知》(政保发[2007]2号)。该通知规定,对正常行驶的军车,坚持军车军查的原则,由军队警备和军车监理部门负责检查。根据军队有关文件规定,非军队装备的10吨(不含)以上大吨位运输车不得使用军车号牌。公安机关和交通部门对悬挂军车号牌载重量超过10吨(不含)的大吨位运输车(军队装备的坦克等履带式重装备运输车辆除外),特别是集装箱车和货柜车,一律滞留车辆,通知当地警备部门和指定单位军交运输部门,查清号牌真伪、车辆来源。属假冒军车的,由公安机关和交通部门依法处理,并追缴其各种规费;属军队内部车辆的,移交当地警备部门和指定单位军交运输部门处理。涉嫌犯罪的,依法立案侦查,所扣车辆随案移交有关部门处理。属超载、无证从事道路运营的,要依据《公路法》、《中华人民共和国道路运输条例》从重处罚。

24. 行政许可期限是否应将星期六和星期日计算在内?

来　信　《中华人民共和国行政许可法》和《中华人民共和国道路运输条例》实施后,我们严格依法行政,取得了较好的执法效果。但是,在实践工作中,遇到了一些对法律、法规理解不清的问题。例如,《中华人民共和国行政许可法》和《中华人民共和国道路运输条例》都规定以工作日计算行政许可期限,不含法定节假日,但不知法定节假日是否应将星期六和星期日计算在内?

答　《中华人民共和国行政许可法》第八十二条规定:"本法规定的行政机关实施行政许可的期限以工作日计算,不含法定节假日。"由于《中华人民共和国行政许可法》规定的行政许可期限是以"工作日"计算,因此不应将星期六、星期日计算在内。同时,根据《国务院关于职工工作时间的规定》第七条规定,国家机关、事业单位实行统一的工作时间,星期六和星期日为周休息日。据此,对于国家机关和事业单位,工作日可以确定为星期一至星期五。另外,《中华人民共和国民法通则》第一百五十四条规定,民法所称的期间的最后一天是星期日或者其他法定休假日的,以休假日的次日为期间的最后一天。因此,行政许可期限不包括星期六和星期日。

另外,具体情况还要具体分析。如:2006 年 4 月 29 日、30 日本为星期六、星期日,但国家对"五一"期间假日时间进行调整,将 4 月 29 日、30 日改为工作日,5 月 4 日、5 日改为休息日,那么计算工作日时,就应当具体分析。如果许可时限正好计算到 4 月 30 日到期,许可机关就不能将 4 月 29 日和 30 日作为法定节假日处理,而应按照工作日计算其中。如果在 5 月 1 日后才作出许可决定,就意味着超过法定许可时限。

25. 道路运输管理机构定期公布客运市场供求状况是义务还是申请许可的前置条件？

来　信　我们是从事道路旅客运输经营的企业，在学习《道路旅客运输及客运站管理规定》第十七条规定时，与道路运输管理机构在理解上存在分歧，即县级以上道路运输管理机构应当定期向社会公布本行政区域内的客运运力投放、客运线路布局、主要客流流向和流量等情况，是道路运输管理机构的义务，还是申请许可的前置条件。因为理解的分歧，已造成我公司购置的车辆闲置，造成了经济损失。

道路运输管理机构理解为：在本行政区域内的客运经营者申请新增客运班线的，必须在道路运输管理机构向社会公布本行政区域内的客运运力投放、客运线路布局、主要客流流向和流量等情况后，才能向道路运输管理机构申请新增客运班线经营；我们理解为：道路运输管理机构定期向社会公布本行政域区内的客运运力投放、客运线路布局、主要客流流向和流量等情况，是道路运输管理机构的法定义务和为客运经营者提供了解客运市场供求服务的，而不是申请新增客运班线的必须条件。申请新增客运班线时，应考虑客运市场的供求状况、普遍服务和方便群众等因素，应当按《道路旅客运输及客运站管理规定》第十五条规定去申请，而不是以第十七条规定为申请的条件。不知哪一个理解正确？

答　《道路旅客运输及客运站管理规定》第十七条规定：“县级以上道路运输管理机构应当定期向社会公布本行政区域内的客运运力投放、客运线路布局、主要客流流向和流量等情况。道路运输管理机构在审查客运申请时，应当考虑客运市场的供求状况、普遍服务和方便群众等因素。”这是依据《中华人民共和国道路运输条例》第十二、十三条所作出的具体规定。《中华人民共和国道路运输条例》第十三条规定“县级以上道路运输管理机构应当定期公布客运市场供求状况”，第十二条规定“县级以上道路运输管理机构在审查客运申请时，应当考虑客运市场的供求状况、普遍服务和方便群众等因素。”

对于来信中反映的定期公布道路客运供求状况与道路客运经营申请关系的问题，应当从以下几个方面来理解：

一、定期公布道路客运供求状况是道路运输管理机构的一项义务。道路运输管理机构有责任、有义务定期公布辖区内的客运运力投放、客运线路布局、主要客流流向和流量等情况，以便道路运输经营申请人掌握市场行情并实施经营管理，方便公众出行。

二、定期公布道路客运供求状况与道路客运经营申请没有直接关系，但有一定的关联性。申请道路客运经营是公民的一项权利，不管道路运输管理机构有没有公布道路客运供求状况，公民都有申请道路客运经营的权利。也就是说，道路运输管理机构即使没有公布供求状况，公民也可以提出申请，而且任何人不得干涉。但对于道路运输管理机构是否批准同意其经营申请，则应当按照《中华人民共和国道路运输条例》和《道路旅客运输及客运站管理规定》进行审查，符合条件的予以许可，而市场供求状况是实施行政许可应当考虑的因素。对于不符合条件的，则不得准予其申请，同时必须向其说明理由。

三、按照《中华人民共和国道路运输条例》和《道路旅客运输及客运站管理规定》，由于实施道路客运经营许可要考虑考虑客运市场的供求状况、普遍服务和方便群众等因素，因此这赋予了道路运输管理机构一定的自由裁量权，也就是说，当市场供大于求时，道路运输管理机构可以作出不予许可的决定。所以，申请人不能以为提出申请且条件具备就应当准予许可。

四、对于来信中反映的损失问题，应当按照两方面处理：对于申请人在未取得道路客运经营许可前擅自购置车辆、招聘人员、租赁场地等费用并造成的损失应当由当事人承担；而对于由于道路运输管理机构未按照《中华人民共和国道路运输条例》和《道路旅客运输及客运站管理规定》的规定实施行政许可所造成的损失，道路运输管理机构应当承担一定的责任，当事人可以通过申请行政复议或提起行政诉讼，维护自身权益。

26. 能否依据《中华人民共和国道路运输条例》对货运代理、配载信息服务实施行政许可?

来　信　我县有一批货运代理、信息配载服务经营业户,过去我们均按照道路运输管理规定,对这些经营业户进行管理,办理了道路运输经营许可证。《中华人民共和国道路运输条例》施行后,由于该条例对货运代理等服务业的管理无明确的规定,因此我们运管所的执法人员对应当如何管理产生了两种意见:第一种意见认为,《中华人民共和国行政许可法》规定,法无明文规定的,不得设立行政许可,既然《中华人民共和国道路运输条例》对货运代理等服务业的管理无明确规定,因此就不能随意设定行政许可;第二种意见认为,货运代理等服务业属于道路运输的相关业务的范畴,因此应当按照《中华人民共和国道路运输条例》的道路运输相关业务的规定,对货运代理等服务业实施行政许可,使之健康有序发展。

答　2004年国务院颁布的《中华人民共和国道路运输条例》没有调整和规范货运代理、配载信息服务等业务,也没有设定相应的行政许可,因此各级道路运输管理机构不得依据《中华人民共和国道路运输条例》对货运代理、配载信息服务实施行政许可。

虽然《中华人民共和国道路运输条例》未对货运代理、配载信息服务进行规范和调整,但由于货运代理、配载信息服务与道路运输活动密切相关,因此仍属于道路运输的相关服务。只不过由于货运代理、配载信息服务涉及多种运输方式,因而未在《中华人民共和国道路运输条例》中予以调整。如地方人大颁布的道路运输管理条例已经对货运代理、信息配载服务设定了相应的行政许可,则可依据地方性法规实施许可,加强对其的管理。如果地方性法规对此也未进行调整,则可依据《道路货物运输服务业管理办法》(交公路发[1996]109号)实施监督管理,并对违法行为实施相应的行政处罚,但由于此办法的有关许可规定与《中华人民共和国行政许可法》相抵触,因此不得再依据其实施行政许可。

27. 道路运输经营者能否在政府部门核定的运价范围内自发商定同一客运线路上的运价？

来 信 我县客运市场由于运力结构发生变化，在同一运输线路上有高档次的舒适性豪华大巴经营，有一般档次的中级客车经营，这两种客车的经营者经常发生争抢客源的事件。最近，高档车运输经营者按照物价部门、交通部门核定的客运票价执行，而中级车运输经营者经自发组织，则在物价和交通部门核定的客运票价基础上下降30%。这样，在同一条客运线路上出现两种运输价格，高档车运输经营者因客源减少而向我们运管所投诉，主要理由是中级车运输经营者擅自降价的行为违反了《中华人民共和国反不当竞争法》的规定，请求予以制止。物价部门认为，依据《中华人民共和国价格法》的有关规定，道路运输经营者在政府指导价的幅度内有自主定价权。请问，道路客运价格下降30%的做法符合国家的有关规定吗？

答 道路客运与人民群众的生活密切相关，因此各省（自治区、直辖市）对道路客运价格多数实行政府指导价。对于运价的执行，应当坚持以下原则：一是要严格执行《中华人民共和国价格法》的规定；二是不得违反《中华人民共和国反不正当竞争法》；三是如政府部门已经对各种客运车辆核定了运价，那么道路运输经营者不得随意改变，必须按照核定的运价票售；四是在政府指导价规定的运价浮动范围内，道路运输经营者一经确定相应的运价，必须向社会公示，并且不得随意改变。

在不违反上述原则的情况下，为防止发生争抢客源等行为，规范运输市场秩序，道路运输经营者可以通过自律方式协商不同车辆的客运票价，但这不具有强制性，并且不得做出有损旅客利益的行为。如在运行的过程中，道路运输经营者对协商的运价有不同意见，则应当由道路运输经营者继续协商。如道路运输经营者难以达成一致意见，也可由道路运输管理机构会同价格部门对其进行调解；如道路运输经营者的协商定价的行为违反上述原则，道路运输管理机构应当会同价格部门对其进行制止，有价格违法行为的，由价格部门对其实施行政处罚。

28.《道路运输经营许可证》上应当加盖什么印章?

来 信 我们在换发新版《道路运输经营许可证》时,按照交通部《关于启用新版道路运输证件的通知》的要求,要在《道路运输经营许可证》上加盖核发机关的许可专用章,但此规定与《中华人民共和国行政许可法》第三十九条及《交通行政许可实施程序规定》第十九条有关经营许可证上应加盖核发机关印章的规定有矛盾。请问,在《道路运输经营许可证》上应加盖核发机关印章还是核发机关许可专用章?

答 《交通行政许可实施程序规定》(交通部2004年第10号令)第十九条规定:"实施机关作出准予交通许可决定的,应当在作出决定之日起10日内,向申请人颁发加盖实施机关印章的下列行政许可证件:(一)交通行政许可批准文件或者证明文件;(二)许可证、执照或者其他许可证书;(三)资格证、资质证或者其他合格证书;(四)法律、法规、规章规定的其他行政许可证件。"这条中的"实施机关印章"包括代表实施机关的公章和代表实施机关的行政许可专用章等,核心是要能够代表行政许可的实施机关。关于在《道路运输经营许可证》上加盖印章的问题,交通部《关于启用新版道路运输证件的通知》(交公路发[2005]524号)明确规定"《道路运输经营许可证》核发机关加盖省级或地市级、县级道路运输管理机构的许可专用章"。因此,各级道路运输管理机构在实施行政许可后,既可在《道路运输经营许可证》上加盖道路运输管理机构公章,也可在《道路运输经营许可证》上加盖有道路运输管理机构单位全称且能代表单位的许可专用章。在《道路运输经营许可证》上加盖道路运输管理机构许可专用章与《交通行政许可实施程序规定》的规定并不矛盾。

29.《中华人民共和国道路运输条例》第十五条中“终止前 30 日内告知原许可机关”应如何理解？

来　信　《中华人民共和国道路运输条例》施行已三个年头了，这为我们严格依法行政，取得了较好的效果。近期，我县区域内部分客运经营班线已陆续到期，申请终止经营。我们对此按照《中华人民共和国道路运输条例》第十五条规定执行，即“客运经营者需要终止客运经营的，应当在终止前 30 日内告知原许可机关”。但在具体执行时，大家对“终止前 30 日内告原许可机关”存有争议：一种意见认为，客运经营者需要终止客运经营的，必须在终止日期 30 日前告知原许可机关，以便于合理安排运力；另一种意见认为，客运经营者需要终止客运经营的，可以在终止前 30 日内任何时间告知原许可机关。例如，一客运经营者计划于 2007 年 12 月 1 日起终止客运经营，那么他应当在 11 月 1 日前，还是应当在 11 月 1 日至 11 月 30 日任何时间内告知许可机关？我们认为，根据《中华人民共和国道路运输条例》的立法精神去理解应该是前者，而从字面意思理解应该是后者。

答　《中华人民共和国道路运输条例》第十五条规定：“客运经营者需要终止客运经营的，应当在终止前 30 日内告知原许可机关。”法律之所以这么规定，主要是考虑到道路旅客运输是一种公共服务，如果客运经营者在不告之原许可机关的情况下擅自暂停或终止客运经营服务，将影响到人民群众的出行，给人民群众的生活带来不便。因此，《中华人民共和国道路运输条例》要求客运经营者终止经营时履行告之义务。

对于“终止前 30 日内告知原许可机关”理解问题，应当是从终止之日起提前 30 日告知原许可机关，而不是在终止前 30 日内的任何时间内告知原许可机关皆可。这样理解，主要是符合立法的本意和实际需要。要求客运经营者履行终止经营的告知义务，主要目的有两个：一是在客运经营者终止经营后，道路运输管理机构可以在足够的时间内，批准新的客运经营者，提供连续服务能力，防止出现人民群众无车可坐的情况；二是可以在足够的时间内，告之广大旅客关于客运经营者的调整或客运班次的调整，方便旅客乘车和提前调整出行安排。

30. 商品汽车驾驶员是否要取得从业资格证？

来 信 最近我市机电公司部分商品车辆驾驶员来我们运管处反映，近期他们在运送商品汽车时，在外省因驾驶员没有从业资格证而被处以数额不同的罚款。请问，当运送单车商品汽车的驾驶员是否还要办理从业资格证？

答 交通部已经废止了《道路商品汽车发送管理办法(试行)》(交公路发[1997]75 号)，因此取消了《道路商品汽车发送证》制度。

对于使用专用车辆进行滚装运输(驮背运输)商品汽车的，视同经营性的道路货物运输，因此其驾驶员应当按照《道路运输从业人员管理规定》(交通部 2006 年第 9 号令)的规定，取得从业资格证。《道路运输从业人员管理规定》已自 2007 年 3 月 1 日起施行。

对于非使用专用车辆进行滚装运输商品汽车(即个人驾驶商品汽车)的，由于不属于经营性的道路货物运输，因此驾驶员不需要取得从业资格证。

31. 道路运输管理机构能否刻制行政许可专用章，并以自己名义实施行政许可？

来　信　我是运输管理所负责法制工作的人员，有一个行政许可方面的问题，希望能得到答复。2004 年 8 月，我市运输管理处曾下发文件，规范了行政许可专用印章的刻制以及行政许可文书的示范文本。2005 年 11 月份，市政府相关部门的检查团对我所行政许可法实施以来的情况进行检查，在检查许可案卷时，他们提出道路运输行政许可权属于县交通局，下属单位没有许可权，不能以下属单位的名义作出道路运输行政许可决定和刻制许可专用章，也不能制作许可文书。请问，我们能不能以运管所的名义实施行政许可？

答　《中华人民共和国道路运输条例》第七条规定，县级以上道路运输管理机构负责具体实施道路运输管理工作。按照这一规定，已经法律授权县级以上道路运输管理机构履行行政许可权、市场监督权和行政处罚权。而且，在《中华人民共和国道路运输条例》中又相应地规定了各级道路运输管理机构的许可权限，如县级道路运输管理机构负责县内道路客运、普遍道路货运、道路运输站（场）、机动车维修、机动车驾驶员培训等的行政许可。由此可以看出，县级道路运输管理机构可以按照《中华人民共和国道路运输条例》的规定，以自己的名义实施行政许可，并使用代表道路运输管理机构的行政许可专用章。道路运输管理机构刻制行政许可专用章时，应当符合国家有关法律规定。

第二章　道路旅客运输

32. 道路客运经营者不按规定的时间发车该如何处理?

来　信　《道路旅客运输及客运站管理规定》第三条规定:“班车客运是指营运客车在城乡道路上按照固定的线路、时间、站点、班次运行的一种客运方式,包括直达班车客运和普通班车客运。”第六十八条规定:“客运经营者在发车时间安排上发生纠纷,客运站经营者协调无效时,由当地县级以上道路运输管理机构核定。”但《道路旅客运输及客运站管理规定》对客运经营者不按县级以上道路运输管理机构核定的发车时间运行的,没有明确的处罚规定。在县乡经常会遇到此类情况,特别是在乡村无客运站的情况下,个别客运经营者为了自己的利益,不按照县级道路运输管理机构核定的发车时间运行,致使同一条线路上的客运经营者经常发生纠纷。对此情况,应当如何处理?

答　按照《中华人民共和国道路运输条例》和《道路旅客运输及客运站管理规定》的规定,客运班线实行许可制度,道路客运经营者取得客运班线经营权后,应当按照规定的线路和班次从事经营活动。对于道路客运经营者在取得班线客运经营权后,不按照规定的班次时间发车运行的,道路运输管理机构应当依据《中华人民共和国道路运输条例》第七十条或《道路旅客运输及客运站管理规定》第八十九条的规定,由县级以上道路运输管理机构责令改正,处1000元以上3000元以下的罚款;情节严重的,由原许可机关吊销道路运输经营许可证。同时,依据《道路旅客运输及客运站管理规定》第六十八条的规定,当道路客运经营者在客运站内对发车时间安排上发生纠纷时,客运站经营者应当进行协调;协调无效时,由当地县级以上道路运输管理机构裁定。

33. 在汽车客运站外上下旅客是否属于《中华人民共和国道路运输条例》第七十条规定的“不按批准的客运站点停靠”的行为？

来　信　我对《中华人民共和国道路运输条例》第七十条第（一）项规定的：“不按批准的客运站点停靠”的理解有些疑问。客运班车在经批准的客运站载客出站后，由于在出本市途中较长路段没有客运站可供旅客上车，旅客为乘车方便，要求班车在一些地点停车上客。驾驶员为解决乘客的实际困难，难免会停车带人，请问这种行为是否违反了《中华人民共和国道路运输条例》第七十条第（一）项“不按批准的客运站点停靠”的规定？这种在站外上、下客行为，是否应当按照《中华人民共和国道路运输条例》第七十条第（一）项的规定处罚？

答　《中华人民共和国道路运输条例》第八条的规定，申请从事班线客运经营的，应当有明确的线路和站点方案。因此道路客运经营者经批准取得客运班线后，应当按照规定的线路运行和按批准的站点停靠、上下旅客。《中华人民共和国道路运输条例》之所以要求道路客运经营者按规定线路行驶和按批准的站点停靠，目的是确保道路客运经营者提供普遍服务、连续服务，方便人民群众出行。这也是道路客运经营者应当履行的法定义务。对于不按批准的客运站点停靠或者不按规定的线路、公布的班次行驶的，《中华人民共和国道路运输条例》第七十条第（一）项规定，由县级以上道路运输管理机构责令改正，处1000元以上3000元以下的罚款；情节严重的，由原许可机关吊销道路运输经营许可证。

对于来信中反映的出站上、下旅客的行为，应当分几种情况区别处理：第一种，道路运输管理机构在审批客运线路时，已批准要在明确的客运站点停靠，而道路客运经营者不按规定停靠、上下旅客的，对于这种行为，道路运输管理机构应当按照《中华人民共和国道路运输条例》第七十条的规定对当事人实施行政处罚；第二种，道路客运经营者按照规定的线路行驶，在远离城市的道路上，在没有固定站点的情况下，为方便旅客，有上、下旅客的行为，对这种行为，在确保安全、不影响交通秩序和不违反其他法律规定的情况下，本着以人为本、服务百姓的原则，应当不视为“不按批准的站点停靠”的行为，道路运输管理机构不应当按照《中华人民共和国道路运输条例》第七十条的规定对当事人实施行政处罚；第三种，道路客运经营者在客运站外上、下旅客的行为。根据交通部的有关规定，道路客运坚持“人归点、车进站”，目的是为了维护道路运输秩序，确保运输安全，因此对道路客运经营者为了招揽客源在客运站外上、下旅客的行为，道路运输管理机构应当将其认定为“不按批准的站点停靠”的行为，责令其改正，并按照《中华人民共和国道路运输条例》第七十条的规定对当事人实施行政处罚。

34. 客车发生交通事故后，免票儿童的伤亡应由谁负责？

来　信　《道路旅客运输及客运站管理规定》第四十九条规定：严禁客运车辆超载运行，在载客人数已满的情况下，允许再搭乘不超过核定人数10%的免票儿童。因我省实行的是旅客保障金制度，如车辆发生交通事故，造成免票儿童伤亡的将如何处理或赔偿，是由道路运输经营者负责处理和赔偿吗？

答　根据《中华人民共和国合同法》第三百零二条规定，"承运人应当对运输过程中旅客的伤亡承担损害赔偿责任，但伤亡是旅客自身健康原因造成的或者承运人证明伤亡是旅客故意、重大过失造成的除外。前款规定适用于按照规定免票、持优待票或者经承运人许可搭乘的无票旅客。"因此，客运车辆发生交通事故，造成免票儿童人身伤亡的，应当由道路运输经营者承担，当然，如果伤亡是旅客自身健康原因造成的或者承运人证明伤亡是旅客故意、重大过失造成的，道路运输经营者不承担赔偿责任。

35.《道路旅客运输及客运站管理规定》第十二条第(二)项中的"跨越2个县级以上行政区域客运经营"如何理解?

来　信　我是运输管理处的一名工作人员,请问《道路旅客运输及客运站管理规定》第十二条第(二)项中的"从事省、自治区、直辖市行政区域内跨2个县级以上行政区域客运经营的,向其共同的上一级道路运输管理机构提出申请"的规定,我们可不可以理解为:从甲地到丁地必须跨过乙、丙两地以上的行政区域的客运经营,向其共同的上一级道路运输管理机构申请;反之跨一个县级或含两个县级以下的行政区域的客运经营可向当地道路运输管理机构申请?

答　《中华人民共和国道路运输条例》对道路客运的许可权按客运的区域进行了界定,第十条规定:(一)从事县级行政区域内客运经营的,向县级道路运输管理机构提出申请;(二)从事省、自治区、直辖市行政区域内跨2个县级以上行政区域客运经营的,向其共同的上一级道路运输管理机构提出申请;(三)从事跨省、自治区、直辖市行政区域客运经营的,向所在地的省、自治区、直辖市道路运输管理机构提出申请。《道路旅客运输及客运站管理规定》第十二条第(二)项按照《中华人民共和国道路运输条例》的精神,对客运许可权再进行了具体规定。

《中华人民共和国道路运输条例》第十条第(二)项和《道路旅客运输及客运站管理规定》第十二条第(二)项中规定的"从事省、自治区、直辖市行政区域内跨2个县级以上行政区域客运经营的,向其共同的上一级道路运输管理机构提出申请"的内容,应当按照以下来理解:一是所跨的2个县级(包括两个以上的县)必须在同一省内或自治区内或直辖市内;二是"跨2个县级以上行政区域客运经营"不是指必须跨过两个以上县级行政区域,而是指客运经营的区域包含两个县及两个以上县;三是"跨2个县级以上行政区域客运经营"的具体理解是,如果客运经营的区域涉及由同一个市管辖的两个县及两个以上的县,则由该市运管处许可;如果客运经营的区域涉及由不同的市管辖的两个县及两个以上的县,则由省运管局许可;如果客运经营的区域涉及两个市(或地区)及以上市,由省运管局许可。

因此,来信中的理解不符合《中华人民共和国道路运输条例》及《道路旅客运输及客运站管理规定》的立法精神。

36. 在出租汽车上张贴广告应当由谁签订合作协议?

来 信 我是出租汽车协会的工作人员,请问,在出租汽车后挡风玻璃上张贴广告应该由哪个部门与广告公司签订合作协议,是出租汽车公司还是车主?是交通主管部门或道路运输管理机构还是行业协会?

答 根据我国的法律规定,从事广告活动,应当遵守《中华人民共和国广告法》、《广告管理条例》的规定。在出租汽车上张贴广告,除要符合《中华人民共和国广告法》、《广告管理条例》的规定外,还应当遵守有关出租汽车管理的法律、法规以及《中华人民共和国道路交通安全法》等法律、行政法规的规定,不得影响运营安全。

由于签订广告合同属于民事行为,因此符合以上规定的,应当由出租汽车公司或个体经营者与广告公司协商签订协议,同时经出租汽车公司或个体经营者授权,也可由行业协会出面与广告公司协商签订协议。对于在出租汽车上张贴广告,交通主管部门和道路运输管理机构不宜参与商谈广告发布事宜,而是应当履行监管责任,审查是否符合出租汽车有关法律、法规的规定,不符合规定的,应当予以纠正和查处。

37. 客运车辆更新是否要与原车辆保持完全一致?

来　信　我公司是一个取得道路运输经营许可的企业,目前拥有客车33辆,客运班线10条,有的客车因经营时间较长,车辆比较老旧,技术性能较差,已不适应需要。为满足运输发展的需要,我公司按照法定程序向县运输管理所递交了更新客车的申请书,要求淘汰19座的客车,更新购置28座的客车,继续经营原客运班线。但是县运输管理所负责受理此项业务的工作人员说,更新的车辆必须与原来的车辆完全一致,否则不能更新。我们认为,更新客车继续经营原班线,这对提高营运安全系数和行业服务质量很有必要。请问,县运输管理所要求更新车辆与原车辆完全一致的做法是否合理?

答　根据《中华人民共和国道路运输条例》第十二条第一款的规定,县级以上道路运输管理机构在审查客运申请时,应当考虑客运市场的供求状况、普遍服务和方便群众等因素。按照这一条的法律精神,赋予了道路运输管理机构在实施行政许可时一定的自由裁量权。也就是说,如果市场供大于求时,道路运输管理机构可以不新增道路旅客运输经营者和新增运输车辆。法律之所以这样规定,主要考虑到道路客运具有公共服务性质,既要保证人民群众的出行,又要保证市场供给不能过大。但是,这一条并没有规定客运车辆更新时必须与原车辆保持完全一致。

鉴于以上理由,对来信中反映的客车更新的问题,道路运输管理机构应当灵活掌握,与法律精神保持一致,不宜一口回绝,具体要求是:在供给不足时,应当允许更新更高档、更多客座的客车,以提高安全系数、行业服务质量和满足人民群众出行需要;在供给过剩时,既要考虑提高安全系数、行业服务质量,又要考虑其他道路旅客运输经营者的合法权益,要协商处理,防止造成矛盾。对于道路运输经营者来说,也不能强硬要求更换不同的车辆,而是应当在购车前向道路运输管理机构提出更新车辆的意向,经同意后,可以购置、更新不同车辆。

38．到报废期后延期的客车能否继续从事道路客运？

来　信　我是一名基层的运输执法人员，在实施道路运输管理的过程中遇到一些实际问题。我市是一个县级市，由于种种原因，在城区内发展了一批7座的微型面包车，专门从事城区内的旅客运输经营活动，现在这部分车辆从事旅客运输经营将近十年，车辆已到报废年限。车辆的运输经营者向公安车辆管理机关提交延期报废车辆的报告，公安车辆管理机关同意了运输经营者的延期报废申请，并在车辆行驶证上签有“准许公路客运”等字样。对此，请问交通部门对道路运输车辆报废是否有专门规定？公安车辆管理机关在同意车辆延期报废的情况下，又在车辆行驶证和机动车辆登记证上签注“准许公路客运”的字样，道路运输管理机构是否可以准予车辆继续经营道路旅客运输？

答　关于道路运输车辆报废的规定，应当按照国家经济贸易委员会、原国家计划委员会、国内贸易部、机械工业部、公安部、国家环境保护局1997年联合发布的《汽车报废标准》以及国家经贸委、国家发改委、公安部、国家环保总局联合发布的《关于调整轻型载货汽车报废标准的通知》、《关于调整汽车报废标准若干规定的通知》的规定执行，交通部门对道路运输车辆报废没有专门的规定。

对于来信中反映的运输车辆达到报废期后，经有关部门批准再延期报废的车辆是否能继续从事道路运输的问题，其关键不在于是否延期，也不在于有关部门在车辆行驶证和机动车登记证上签有“准许公路客运”等字样，而在于车辆是否符合《中华人民共和国道路运输条例》和《道路旅客运输及客运站管理规定》规定的从事道路旅客运输有关车辆的条件，车辆的技术等级如果能够满足条件并符合规定的，可以继续从事道路旅客运输；如果不能满足条件的，即使有关部门同意延期报废且在车辆行驶证上签有“准许公路客运”，也不得允许其从事道路旅客运输，以确保运输安全。延期报废的客车不能满足道路旅客运输经营活动的，可以用于非经营性运输。

39. 出租汽车从事班车客运该如何处理?

来　信　目前,我市部分县出现出租汽车与客运班车争抢客源的问题。主要表现形式是出租汽车以每位旅客乘客运班车的同等或更低票价招揽乘客,对外称包车,实际从事班车客运。请问,对此是否可按《道路旅客运输及客运站管理规定》第八十四条第(一)项:"未取得道路客运班线经营许可,擅自从事班车客运经营的"或第(四)项:"超越许可事项,从事道路客运经营的"的规定处理。

答　根据《中华人民共和国道路运输条例》和《道路旅客运输及客运站管理规定》的规定,从事班车客运的,应当取得相应的经营许可。对于未取得班车客运行政许可,擅自从事班车客运经营活动的,应当对其实施相应的行政处罚。对于来信中反映的出租汽车以同等或低于班车票价的方式招揽不同批次旅客乘车,而不按出租汽车的经营方式使用计价器的,可以认定为从事班车客运行为,应当依据《道路旅客运输及客运站管理规定》第八十四条第(一)项实施相应的行政处罚。依据《道路旅客运输及客运站管理规定》第八十四条第(一)项实施行政处罚,主要是出租汽车客运不适用《中华人民共和国道路运输条例》和《道路旅客运输及客运站管理规定》,因此不应按照超越许可事项处罚。

40. 客运站台账和档案包括哪些?

来　信　《道路旅客运输及客运站管理规定》已经实施,现在通过学习,对第七十五条"客运站经营者应当建立和完善各类台账和档案,并按要求报送有关信息"这一规定不太理解。请问,这里所说的各类台账和档案共有哪几种?

答　《道路旅客运输及客运站管理规定》第七十五条规定,客运站经营者应当建立和完善各类台账和档案,并按要求报送有关信息。这是法律上对客运站经营管理和报送运输信息义务的规定。对于客运站的台账和档案,应当包括以下几种:(一)进站运输经营业户的台账和档案;(二)进站车辆的台账和档案;(三)班次台账和档案;(四)客运站日发送量台账;(五)驾驶员的台账和档案;(六)危险品检查情况的台账;(七)旅客失物台账等。

41. 挂靠车辆的经营权能否转让?

来　信　《道路旅客运输及客运管理规定》第四十六条规定:"道路客运班线属于国家所有的公共资源。班线客运经营者取得许可后应当向公众提供连续运输服务,不得擅自暂停、或转让班线运输。"挂靠运输企业经营的客运车辆,产权仍属于客运班线经营者个人所有,原车辆的拥有者经营该班线一段时间后,将车辆以高于原车价的价格转让给他人经营,企业收取一定费用并变更经营合同。车辆新的拥有者不经道路运输管理机构许可便取得了客运班线经营权,车辆的所有证件也未变动,也办理过户手续。请问,这一行为是否可以认定为非法转让道路运输经营许可证件的违法行为,可否按照《道路旅客运输及客运站管理规定》第八十六条进行处罚?

答　根据《道路旅客运输及客运站管理规定》(交通部2005年第10号令)的规定,国家实行道路客运企业等级评定制度和质量信誉考核制度,鼓励道路客运经营者实行规模化、集约化、公司化经营,禁止挂靠经营。所以,如果来信中反映的情况经调查取证确属挂靠经营的,那么是不合法行为,应当予以清理,其线路经营权不受法律保护。对于私下转让客运班线经营者,其行为不受法律保护,如新的经营者不具备道路运输经营资格的,应当视为未取得道路运输经营许可擅自从事道路运输经营活动的行为,应当按照《中华人民共和国道路运输条例》的规定实施行政处罚,对于转让道路运输经营许可证件的,则违反了《中华人民共和国道路运输条例》和《道路旅客运输及客运站管理规定》的规定,应当按照非法转让经营许可证件实施相应的行政处罚。

42. 农牧区季节性客运班线车辆如何办理承运人责任险?

来　信　为进一步方便我旗广大农牧区人民群众出行,实现村村通客运班车的目标,我们运管所针对地处偏僻、人口少、道路条件差的村(嘎查),在管理上出台了一些符合当地实际情况的政策、措施,大力发展农牧区客运市场,开通季度班、半年班等班车运行方式。在实施过程中,根据《中华人民共和国道路运输条例》第三十六条的规定,我旗所有营运班车在办理了机动车第三者责任险基础上,全部办理了承运人责任保险,但因地理、道路条件制约,一些短途、土路班线车辆受自然天气条件影响较大,晴通雨阻,一年平均实际运营时间仅为5~6个月,如按现在保险公司承运人责任险办理标准看,以核载16座客车计算,须缴纳2688元的承运人责任险保费,机动车第三者责任险1000多元,费用很高。据我们实际调查统计,因土路班线属季节性运营,道路条件差,票价低,客流量小,如果缴纳全部保费和其他规费,将使大多数运输经营者保本经营或无利可赚,导致一些土路线路及季度班、半年班因运输经营者投资积极性不高而开通困难,在一定程度上制约了农牧区客运市场的健康发展,影响了群众出行和村村通客运班车目标的实现。请问,道路运输管理机构能否在实施许可后按实际运营时间办理承运人责任保险?如何与当地保险公司协调解决此事?

答　《中华人民共和国道路运输条例》第三十六条的规定:"客运经营者、危险货物运输经营者应当分别为旅客或者危险货物投保承运人责任险。"这是确保承运人有足够赔偿能力的重要制度,也是维护旅客合法权益的重要制度。所以,从事道路客运经营的,必须按照规定投保承运人责任险。也就是说,从事农牧区季节性班线客运的,也必须投保承运责任险。

但是,《中华人民共和国道路运输条例》只规定了承运人责任险险种而没有具体规定承运人责任险的费率。从全国的情况看,目前大多数省份的交通主管部门根据各地情况与保险公司制定了承运人责任险的费率和赔付标准,这对贯彻落实《中华人民共和国道路运输条例》和维护旅客的合法权益有积极的意义。

为解决农牧区人民群众出行问题，促进物资流动，提高人民生活水平，你旗积极开通农牧区季节性客运班线客车，是一件富民、便民的好事。但从来信反映的情况看，农牧区季节性班车客运面临的最大问题之一是收入低而负担重的问题。针对这个问题，你旗的有关部门应当按照《中华人民共和国道路运输条例》第五条规定的"国家鼓励发展乡村道路运输，并采取必要的措施提高乡镇和行政村的通班车率，满足广大农民的生活和生产需要"和交通部有关鼓励发展农村客运的精神，大力发展农牧区班车客运，并为发展农牧区班车客运提供必要的优惠政策，如可行的税费减免政策等。

对于来信中反映的农牧区季节性班线客车如何办理承运人责任保险的问题，建议你旗有关交通主管部门和道路运输管理机构根据农牧区季节性客运运行时间短、票价低等特点，与保险公司商定新的、具体的承运人责任险费率，尽可能做到承运人责任险费率降低而赔付标准保持不变，即经营者的负担降低而旅客的权益保障保持不变的政策，推动农牧区客运发展，降低经营者负担。

当然，在鼓励发展农牧区季节性客运的过程中，必须贯彻安全第一的精神，不可为了片面追求发展而降低对安全的要求。

43. 出租汽车能否组客从事经营活动?

来　信　出租汽车以班车客运的价格,将几名同一方向的旅客组合后运输至目的地,在遇到道路运输检查时,车主与乘客商量口径是按计价器收费。请问,出租汽车这种经营方式是否合法?如违法,该如何处罚?

答　按照出租汽车客运的有关规定,出租汽车客运是搭载同一批次旅客且按里程计费的一种包车形式,其主要经营区域在城市市内。出租汽车客运将几名同一方向、非同一旅行目的的旅客组合运送至城区外的目的地,违反了出租汽车管理规定和运行要求,运输线路与班车客运班线重叠,这既可能损害旅客的合法权益,同时也将损害班线客运经营者的合法权益。而且,根据《中华人民共和国道路运输条例》及《道路旅客运输及客运站管理规定》(交通部2005年第10号令)的规定,从事班线客运必须取得相应的行政许可,对于未取得班线客运许可的,应当实施相应的行政处罚。因此,出租汽车将不认识的非同一批次的旅客组合送至目的地的行为,违反了《中华人民共和国道路运输条例》及《道路旅客运输及客运站管理规定》的规定,在事实清楚,取得合法证据后,道路运输管理机构应当依据《中华人民共和国道路运输条例》第六十四条、《道路旅客运输及客运站管理规定》第八十四条的规定实施相应的行政处罚。需要说明的是,出租客运在载客行驶的过程中,经乘客同意,可免费搭乘其他乘客,对这种行为,不得对出租汽车经营者实施行政处罚。

44. 能否用无《道路运输证》的车辆为长途客车接送旅客?

来　信　最近,我们在运输执法工作中,发现有个别长途客车,变相地延伸营运线路,而且不服从管理。比如,某长途客车线路起讫点是甲城市到乙县城,但运输经营者又用另一辆无道路运输手续的客车延伸到县内其他乡镇将旅客带到县城,然后将旅客换乘至该运输经营者的长途客车上。在检查时,该运输经营者振振有辞地说:"将旅客从乡镇运到县城我又不收旅客的钱,这叫为人民服务。"请问这种做法是否属违法行为?

答　对于来信中反映的道路旅客运输经营者用无营运手续的客车到乡镇接送旅客的行为,尽管体现了一定的服务精神和不收取费用,但由于其车辆无营运手续,存在安全隐患,可能危及旅客的生命、财产安全和其他经营者的合法利益,因此其行为是不合法的,道路运输管理机构应当予以制止,并可按照无《道路运输证》从事道路运输经营活动实施行政处罚。当然,如果运输经营者在不收费的情况下,使用具有运输资格的车辆免费接送旅客,这是提高运输服务质量的行为,又方便旅客,因此不宜处罚。当然,如果此行为对其他道路运输经营者造成较大影响的,道路运输管理机构应当进行协调,防止其他道路运输经营者难以维持,不能提供普遍服务。

45. 旅客人身伤亡该如何划定责任?

来　信　《中华人民共和国道路运输条例》第三十六条规定:客运经营者、危险货物运输经营者应当分别为旅客或者危险货物投保承运人责任险。这是道路运输管理工作唯一有法律依据的保险,可以更好地保障旅客和承运人的合法权益。运输过程中的安全内涵十分广泛,它既包括行车安全,又包括治安安全和其他方面的安全。旅客在运输过程中的伤亡,大体能分以下几种类型:(1)旅客自身健康原因或旅客故意、重大过失原因引起的,如:旅客突发心脏病等疾病,旅客斗殴、酗酒故意违反安全规定等造成的伤害;(2)行车安全方面引起的,如交通事故;(3)自然灾害等不可抗力因素引起,如车辆运行中遇洪水、地震等;(4)治安、刑事方面的原因引起的等。对于以上这些情况导致旅客伤亡的,应如何划定责任?

答　根据《中华人民共和国合同法》和《中华人民共和国道路运输条例》的规定,客运经营者在运输过程中造成旅客人身伤亡,行李毁损、灭失的,应当承担赔偿责任。对于客运经营者在运输过程中造成旅客人身伤亡的责任,按照无过错责任原则承担赔偿责任,即客运经营者即使在没有过错的情况下,也应当承担损害赔偿责任。无过错且由第三方过错造成的,客运经营者在向旅客进行赔偿后,应当依照有关法律、法规的规定,向第三方追偿。这是国际上的通常惯例。

但是,根据《中华人民共和国合同法》第三百零二条的规定,客运经营者具有免责的权利。客运经营者在以下两种情况下可免除责任:一是伤亡是由于旅客自身健康原因造成的;二是客运经营者能够证明伤亡是旅客故意、重大过失造成的。另外对不可抗力的因素造成旅客伤害的,客运经营者可免责。

所以,对来信中反映的第一种情况,客运经营者可以不承担赔偿责任;对第二种因行车安全引发旅客伤亡的,客运经营者承担赔偿。如果属交通事故另一方的全责或部分责任造成的,客运经营者可依法进行追偿;对第三种因自然灾害等不可抗力因素引起的伤亡,客运经营者不承担赔偿责任。尽管第一、第三种不承担赔偿责任,但是客运经营者由于投保了承运人责任险,从道义上以及对伤亡者的安慰，由保险公司从承运人责任险中给予补偿。

需要特别说明的是，对于第四种因治安、刑事案件引起旅客人身伤亡的，由于触犯了国家的法律，因此应当由当事人承担法律责任。但是，如果在运输过程中在发生治安、刑事案件时，客运经营者没有采取相应的并且力所能及的措施制止违法行为或犯罪的，如及时报警的，同样也应当承担一定的赔偿责任。此外，由于治安、刑事案件引起旅客人身伤亡的，尽管客运经营者可能没有责任赔偿，但从人道主义出发，也可通过承运人责任险由保险公司适当予以补偿，以抚慰伤亡者的家属。

由于《中华人民共和国道路运输条例》对客运经营者实施强制性的承运人责任险，因此在运输过程中造成旅客伤亡的赔偿，应通过承运人责任险由保险公司赔偿。

46. 毗邻县之间的客运班线是否包括省与省之间的毗邻县?

来　信　我是县运输管理所的工作人员,请问《道路旅客运输及客运站管理规定》中关于四类客运班线中的毗邻县之间的客运班线,可不可以理解为包括省与省之间的毗邻县,因为我们县位于三省交界处。对于这种线路,是否应由县级道路运输管理机构行政许可?

答　根据《道路旅客运输及客运站管理规定》(交通部2005年第10号)的规定,班车客运的线路分为四种类型,其中第四类客运班线为毗邻县之间的客运班线或者县境内的客运班线。按照这一规定,第四类客运班线包括以下四种:第一种,县境内的客运班线;第二种,在同一地区内,相邻县间的客运班线;第三种,在同一省内,但在不同地区内,相邻县间的客运班线;第四种,不在同省内,相邻县间的客运班线。所以,毗邻县之间的客运班线包括省与省之间的毗邻县。

需要强调的是,客运班线的分类与许可是不同的概念。班车客运线路的分类是从许可条件角度提出的,省与省之间的毗邻县的客运线路,在客运线路分类中是第四类,条件是至少一辆客车,但其由于属于跨省运输,所以按照《中华人民共和国道路运输条例》的规定,该客运班线的许可权在省级道路运输管理机构。

47.《道路旅客运输及客运站管理规定》第四十七条中“正当理由”如何理解？

来　信　《道路旅客运输及客运站管理规定》的出台，对规范道路客运市场的秩序和客运站的经营行为将起着十分重要的作用。我们运管所组织全体人员进行了认真的学习，但在学习的过程中，对有些条款应该如何理解和操作存在疑惑，如第四十七条规定“无正当理由不得改变行驶线路，不得站外上客或者沿途揽客”，这其中的“正当理由”怎么理解？它应该包括哪些要件，站外下客是否可以？

答　《道路旅客运输及客运站管理规定》之所以规定道路旅客运输经营者无正当理由不得改变行驶路线，不得站外上客或者沿途揽客，主要目的是为了保证旅客的合法权益，维护道路运输市场秩序和确保城市交通畅通。但是，《道路旅客运输及客运站规定》对改变行驶路线、站外上客、沿途揽客并没有完全禁止性规定，而是留有“口子”，这个“口子”就是在有正当理由的情况下可以改变行驶路线、站外上客或沿途揽客。对于“正当理由”，应当从以下几个方面理解：

一、对于不可抗力的情况，道路旅客运输经营者可以改变行驶路线和站外上客，比如说自然灾害导致必须改变行驶路线的；

二、对于外界原因造成，而道路旅客运输经营者无法控制的，道路旅客运输经营者可以改变行驶路线和站外上客。比如说，由于修路需要改变运输线路。又比如，由于客运站的整修无法进站的，在不违反有关法律、法规的情况下，可在站外上客；

三、对于旅客需要，在不违反法律规定且又不影响安全的情况下，道路旅客运输经营者可以在运行途中上、下客。比如说，在一些农村客运线路上，在无站可进的情况下，为方便农民出行，可在路边上、下旅客。

四、法律、法规以及政策规定的其他情形。

48.《中华人民共和国道路运输条例》第二十一条规定的赔偿范围是否包括道路交通事故？

来 信 《中华人民共和国道路运输条例》第二十一条规定："客运经营者在运输过程中造成旅客人身伤亡，行李毁损、灭失，当事人对赔偿数额有约定的，依照其约定；没有约定的，参照国家有关港口间海上旅客运输和铁路旅客运输赔偿责任限额的规定办理。"请问该赔偿范围是否包括道路交通事故？如果包括，与其他规定是否矛盾？

答 根据《中华人民共和国道路运输条例》第二十一条规定，客运经营者在运输过程中造成旅客人身伤亡，行李毁损、灭失，当事人对赔偿数额有约定的，依照其约定；没有约定的，参照国家有关港口间海上旅客运输和铁路旅客运输赔偿责任限额的规定办理。这是专门针对旅客在运输过程中造成人身伤亡，行李毁损、灭失所作出的赔偿规定，具有非常特定的对象和含义。根据这一精神，只有旅客的伤亡和行李毁损、灭失，才按这一规定赔偿。这里所说的"在运输过程中"，是指自旅客经检票进站（或途中上车）至到达行程终点出站（或下车）时止；这里所说的"旅客"，是指持有效客票或其他有效乘车凭证乘车的人员以及按照国务院交通主管部门有关规定免费乘车的儿童和有关人员。

对于运输车辆在行驶中发生道路交通事故，导致他人（非运输车辆中的旅客）伤亡的，不按此规定赔偿，而是按照《中华人民共和国道路交通安全法》和《中华人民共和国道路交通安全法实施条例》以及其他有关文件的规定赔偿。

49. 客车准点出站后在城市内兜圈该怎么办?

来 信 日前,我市部分营运客车按时准点出站后,在市区内如蜗牛般行进,有时甚至1个多小时才离开市区,结果后一班次的客车在市区内就赶上了前一班次的客车。为此,我们运管所多次收到旅客举报,反映客车行驶过慢。同时,合法运营的客运经营者对此也强烈不满。对于此种行为,请问该如何处理与解决?

答 对这类违法行为,道路运输管理机构首先应当对其予以警告,并将其行为记录在业户档案中,作为质量信誉考核和年审的材料。警告后仍不改正的,可以按以下办法处理:

一是按照《中华人民共和国道路运输条例》实施客运班线经营期限的规定,在经营期限届满后,令其退出运输班线经营;

二是可根据《中华人民共和国道路运输条例》的规定,将这种违法行为视为客运经营者不按规定的班次运营,处以相应的罚款;

三是如有站外上客的行为,依据有关规定实施行政处罚。

50. 对出租汽车违法行为实施行政处罚应当依据什么规定?

来　信　《中华人民共和国道路运输条例》颁布实施了,作为一名运输管理人员,我对此感到非常高兴。在实际工作中,我们对出租客运的行政处罚存在意见不统一,这主要是《中华人民共和国道路运输条例》第八十二条规定"出租客运和城市公共汽车客运的管理办法由国务院另行规定"。为此,我们对出租汽车客运的行政处罚有两种意见:第一种,应按照《中华人民共和国道路运输条例》相关规定处罚;第二种,应按照我们自治区的道路运输管理条例的规定处罚。

答　《中华人民共和国道路运输条例》第八十二条规定,出租车客运和城市公共汽车客运的管理办法由国务院另行规定。另根据《国务院对确需保留的行政审批项目设定行政许可的决定》(国务院2004年412号令)规定,仍可对出租汽车客运实施行政许可。因此,在国务院尚未制定新的行政法规之前,你们可以按照自治区道路运输管理条例的规定,对出租汽车客运实施管理,出租汽车经营者有违法行为的,可以实施相应的行政处罚。但自治区道路运输管理条例与国家的法律、行政法规相抵触的条款不得适用。

51. 道路运输管理机构实施监督检查中发现客车超载的该怎么办?

来　信　我是一位刚参加运输管理工作的年轻同志,但由于我们工作的特殊性,要经常实施道路运输监督检查工作。《中华人民共和国道路运输条例》第三十五条规定,道路运输车辆运输旅客的,不得超过核定人数,违反本规定的,由公安机关交通管理部门依照《中华人民共和国道路交通安全法》的有关规定进行处罚。但是,由于我县地理位置处于滇北,和贵州省、四川省相邻,我们在检查中经常发现一些外省和本省的客运车辆超载,请问对此该怎么处理呢?

答　对于客运车辆超载的违法行为,应当按照《中华人民共和国道路运输条例》第六十二条规定处理,道路运输管理机构的工作人员在实施道路运输监督检查过程中,发现车辆超载行为的,应当立即予以制止,并采取相应措施安排旅客改乘。同时,道路运输管理机构还可以根据《中华人民共和国道路运输条例》第三十五条规定,将违法行为当事人移交公安部门处理,由公安机关交通管理部门依照《中华人民共和国道路交通安全法》的有关规定进行处罚。

需要说明的是,道路运输管理机构不可再根据《道路运输行政处罚规定》对客车超载的经营者实施行政处罚。

52. 旅客伤亡应当依据哪个标准赔偿？

来　信　我是汽车运输公司安全部门的管理人员，《中华人民共和国道路交通安全法》和《最高人民法院关于审理人身伤亡赔偿案件适用法律若干问题的解释》正式实施后，我们对道路交通事故中旅客伤亡赔偿的数额和标准产生了疑惑。

一、《最高人民法院关于审理人身伤亡赔偿案件适用法律若干问题的解释》中对人身伤亡赔偿标准确定为：受害人遭受人身损害的，因就医治疗支出的各项费用以及因误工减少的收入，包括医疗费、误工费、护理费、交通费、住宿费、住院伙食补助费，必要的营养费；致受害人残疾的其因增加生活上需要所支出的必要费用以及丧失劳动能力的收入损失，包括残疾赔偿金、残疾辅助器具、被抚（扶）养人生活费以及因康复护理、继续治疗实际发生的必要的康复费，护理费、后续治疗费；受害人死亡的，赔偿义务人除应当根据抢救处理情况赔偿上述规定的相关费用外，还应当赔偿丧葬费、被抚（扶）养人生活费、死亡补偿费以及受害人亲属办理丧葬事宜所支出的交通费、住宿费和误工损失等其他合理的费用。受害人或者死者近亲属遭受精神损害的，赔偿权利人也可以请求人民法院要求赔偿义务人赔偿精神损害抚慰金。

二、《中华人民共和国道路运输条例》第二十一条规定：客运经营者在运输过程中造成旅客人身伤亡、行李毁损、灭失，当事人对赔偿数额有约定的，依照其约定；没有约定的，参照国家有关港口间海上旅客运输和铁路旅客运输赔偿责任限额的规定办理。

在上述两个规定中，如果按照《中华人民共和国道路运输条例》规定来确定旅客人身伤亡赔偿数额和标准，将比《最高人民法院关于审理人身伤亡赔偿案件运用法律若干问题的解释》规定所确定的赔偿数额和标准要低得多，但在目前法院审理道路交通事故案件中几乎全部是依照《最高人民法院关于审理人身伤亡赔偿案件运用法律若干问题的解释》规定所确定的数额和标准来确定旅客人身伤亡的赔偿数额和标准。所以，我们目前在处理道路交通事故人员伤亡赔偿数额和标准上感觉很迷茫，希望能给予解答。

答　根据《中华人民共和国道路运输条例》第二十一条规定："客运经营者在运输过程中造成旅客人身伤亡，行李毁损、灭失，当事人对赔偿数额有约定的，依照其约定；没有约定的，参照国家有关港口间海上旅客运输和铁路旅客运输赔偿责任限额的规定办理。"因此，这是旅客人身伤亡、行李毁损和灭失进行赔付的法定依据之一。

道路运输经营者在发生运输交通安全事故，法院受理赔偿案件后，可以据此规定向法院就赔偿标准作出解释说明。当然，法院在审理道路交通事故案件时，既要依照《中华人民共和国道路运输条例》的规定，又要依照《最高人民法院关于审理人身伤亡赔偿案件适用法律若干问题的解释》的规定。

道路运输经营者为降低经营风险，保护旅客的合法权益，应当按照《中华人民共和国道路运输条例》投保承运人责任险，具备足够的赔偿能力，这样保证不管依据哪个规定赔偿都能承担得起。

53. 公共汽车超越城区延伸到乡镇、行政村的该怎么办?

来　信　近一段时间,我们经常接到道路客运经营业户的投诉,反映城市公共汽车已逐渐延伸到近郊的乡镇和行政村,他们的正常经营受到很大冲击。对此我们进行了调查取证,证实反映情况属实,并多次和公共汽车管辖部门交涉,但目前公共汽车仍然有向纵深发展的趋向。请问,在这种情况下,城市公共汽车是否超出了其运行范围,可否对其实施行政处罚?

答　对于来信中反映的公共汽车将其线路超越城区延伸到乡镇和行政村的事情,主要涉及公共汽车延伸至乡镇后的管理法律依据和与城乡班车客运公平竞争的问题。根据历史的情况以及公共汽车的特性,公共汽车一般在城市市区内运营,主要为城市居民提供出行服务,而且由于其公益性的特点,享受国家财政补贴。而城乡班车客运为百姓长途出行提供运输服务,与公共汽车最大不同是不享受国家的财政补贴,而且向国家纳税并缴纳各种行政性收费。正是因为如此,公共汽车的经营范围原则上不应突破市区,否则与城乡班车客运产生不公平竞争。从一个角度讲,公共汽车延伸方便了城市居民下乡、农民兄弟进城;但从另一个角度看,公共汽车将其线路超越城区延伸到乡镇和行政村后,其线路必然与道路客运班线重叠,由于两者税负担不同,公共汽车税费负担轻,道路班车客运税费负担重,因此对道路客运影响巨大,如处理不当,不仅可能会影响道路客运的发展,影响百姓出行,甚至还可能引发矛盾与冲突,造成社会不稳定因素。而且,公共汽车由于超出了规定的行政区域,延伸到乡镇和行政村,因此属于《中华人民共和国道路运输条例》的调整范围,属于从事城乡班车客运,应当接受道路运输行业管理,统筹考虑其与道路客运的发展,协调各方关系,而且需要到道路运输管理机构申领道路运输经营许可证。

对于公共汽车将其线路超越城区延伸到乡镇和行政村,但不按规定办理道路运输经营许可证的,道路运输管理机构可按照《中华人民共和国道路运输条例》第六十四条的规定,将其视为未取得道路运输经营许可擅自从事道路运输经营的行为,责令其停止经营;有违法所得的,没收违法所得,处违法所得 2 倍以上 10 倍以下的罚款;没有违法所得或者违法所得不足 2 万元的,处 3 万元以上 10 万元以下的罚款;构成犯罪的,依法追究刑事责任。

交通主管部门和道路运输管理机构对公共汽车延伸线路问题,由于直接关系老百姓的出行问题,因此应当积极支持并提供各种可能的方便,推动城乡交通一体化,实现统筹城乡发展的要求。当然,在有关政策问题上,应当与道路客运经营享受同等待遇并承担同等义务,防止引起不公平竞争。

54. 未经验收合格的农村公路能否搞班线客运？

来　信　我县地处山区，经济落后，公路等级低、路况差，且有些公路是村民集资所修，没经公路管理部门验收，但已通行货运车辆。为方便群众出行，像这种情况能否许可客车在这些公路上从事客运经营？

答　《中华人民共和国公路法》第三十三条规定："公路建设项目和公路修复项目竣工后，应当按照国家有关规定进行验收；未经验收或者验收不合格的，不得交付使用。"另外，《中华人民共和国道路运输条例》第一条规定了立法的目的，就是维护道路运输市场秩序，保障道路运输安全，保护道路运输有关各方当事人的合法权益，促进道路运输业的健康发展。

道路运输管理机构在实施运输许可过程中，要把运输安全放置首位，其中要严格审查公路是否能满足和符合从事运输的需要，能否确保运输安全，然后才能考虑其他条件。如果公路未经验收，还存在运输安全隐患，即使有运输需求，道路运输管理机构也不可许可申请人从事运输经营活动，尤其是道路旅客运输。因此，对于未经交通部门验收合格的农村公路，道路运输管理机构不可许可申请人从事班线客运。

55. 跨省客车能否到乡镇接送旅客?

来 信 我是一个客运站的工作人员,我们客运站发往广东深圳的客车均持有县城至深圳的客运线路标志牌,而我县有4个乡镇均设立了由我们客运站统一管理的乡镇客运站。我们客运站发往深圳的班车每日一班,发车时间为每日下午2点。为了方便各乡镇乘客,我们客运站采取了发班前由发往深圳的班车到各乡镇客运站,将前往深圳的乘客转运至县城统一发班。为此,县运管所对车辆到各乡镇站转运乘客按超越经营区域给予处理。请问,省际客车到乡镇接乘客是否违反有关规定?

答 《中华人民共和国道路运输条例》第十条规定,申请从事客运经营的,应当按照下列规定提出申请并提交符合本条例第八条规定条件的相关材料:(一)从事县级行政区域内客运经营的,向县级道路运输管理机构提出申请;(二)从事省、自治区、直辖市行政区域内跨2个县级以上行政区域客运经营的,向其共同的上一级道路运输管理机构提出申请;(三)从事跨省、自治区、直辖市行政区域客运经营的,向所在地的省、自治区、直辖市道路运输管理机构提出申请。根据此规定,客运线路可分为县内客运班线、跨县客运班线、跨市客运班线、跨省客运班线。

根据《中华人民共和国道路运输条例》的精神,取得不同客运班线经营资格的,只能经营已经取得资格的客运班线,如需经营其他客运班线,必须再提出申请。例如,已经取得县内客运班线的,如要同时经营跨省客运班线,必须提出申请并取得经营资格;同样,已经取得跨省客运班线的,如要同时经营县内客运班线,也要提出申请,取得经营资格。如果没有取得相应客运班线经营资格但从事相应经营活动的,道路运输管理机构可以依据《中华人民共和国道路运输条例》第七十条的规定,由县级以上道路运输管理机构责令改正,处1000元以上3000元以下的罚款;情节严重的,由原许可机关吊销道路运输经营许可证。

对于一些跨省客运班线经营者,到一些乡镇统一接送旅客然后运送至目的的,如果在这些乡镇至始发车站接送旅客不直接或间接收取费用的,可以视为方便旅客的特殊服务，道路运输管理机构应当视为非盈利的运输活动，可不按《中华人民共和国道路运输条例》第七十条的规定实施行政处罚；如果在这些乡镇至始发车站接送旅客直接或间接收取费用的，道路运输管理机构应当将其视为不按规定的客运线路行驶，可以按《中华人民共和国道路运输条例》第七十条的规定实施行政处罚。

56. 出租汽车超载该怎么办？

来　信　目前，我县有的客运出租汽车在县乡路上超载旅客。由于《中华人民共和国道路运输条例》第八十二条规定“出租车客运和城市公共汽车客运的管理办法由国务院另行规定”，因此我们运管所的执法人员只能采取分流车上乘客的措施，但是超载现象依然存在。请问，为了杜绝超载现象，我们是否可以采取罚款的措施？

答　《中华人民共和国道路运输条例》第八十二条规定：“出租车客运和城市公共汽车客运的管理办法由国务院另行规定。”所以各地道路运输管理机构不可以依据《中华人民共和国道路运输条例》对出租汽车实施管理。

对于出租汽车的管理，尽管目前存在法律层次不高的问题，但并不意味着可以放松对出租汽车的管理。各地道路运输管理机构可以依据《国务院对确需保留的行政审批项目设定行政许可的决定》和国务院关于出租汽车管理的有关文件以及各地通过人大颁布的地方性法规、规章，加大对出租汽车管理。

如果各省（自治区、直辖市）制定的道路运输管理条例的调整范围中包含出租汽车客运或者单独制定了出租汽车管理条例的，各地道路运输管理机构可以依据这些地方性法规、规章对违法经营者实施相应的行政处罚，治理超载行为，保证旅客安全。另外，对于出租汽车超载的，还可移交给公安部门对其实施行政处罚。

57. 出租汽车驾驶员组客同乘应如何收取运费?

来　信　在工作中,我们接到旅客投诉,甲旅客搭乘出租汽车,刚走出十多米远,就有乙旅客招手,驾驶员经过甲旅客的同意后,搭乙旅客同乘。乙旅客先下车,当时计价器显示为4.00元,驾驶员收了乙旅客4.00元。车没走多远,甲旅客就下车,计价器显示为4.20元,驾驶员收甲旅客4.00元。对此,甲旅客认为,驾驶员不应该收乙旅客的钱,其理由是:出租汽车只运行了甲旅客乘车的路程,不应该收两次费用。而驾驶员却认为,是驾驶员组客同乘,并且是经过甲旅客同意后才搭载的,当然应该对甲、乙旅客各收一次费。对此,驾驶员应该如何收费呢?

答　来信中所反映的问题属于民事问题,应当遵守《民法通则》和《中华人民共和国合同法》的规定。

甲旅客乘坐出租汽车,这说明甲旅客与出租汽车驾驶员已经形成事实上的运输合同。因此,按照《中华人民共和国合同法》的规定,出租汽车驾驶员应当按照约定的或者通常的运输路线将旅客运输到约定地点;同样甲旅客应当按照计价器显示的金额支付运费。

按照有关出租汽车管理的规定,原则上是不允许组客的,但特别情况除外,如经乘客同意,出租汽车驾驶员可以搭乘其他乘客同乘。来信中反映的搭乘乙旅客就属于这种情况。但按照有关规定和《中华人民共和国合同法》的精神,不宜再向搭乘旅客收取额外费用。

所以,来信中反映的情况,应当是甲旅客支付运费4.2元而不是4元,出租汽车驾驶员也不得向乙旅客收取费用。这符合《中华人民共和国合同法》规定的"合同当事人的法律地位平等,一方不得将自己的意志强加给另一方;当事人应当遵循公平原则确定各方的权利和义务"的精神。

58.《道路旅客运输及客运站管理规定》第八十四条中“道路客运经营许可证件”包括哪些?

来　信　《道路旅客运输及客运站管理规定》的出台,对规范道路客运市场秩序和客运站经营行为起到了十分重要的作用。我们运管所组织全体人员进行了认真的学习,但对第八十四条“使用失效、伪造、变造、被注销等无效的道路客运许可证件从事客运经营”中的道路客运许可证件存在不同理解。请问,道路客运许可证件是否应该包括《道路运输证》、《从业资格证》?

答　根据《中华人民共和国行政许可法》、《中华人民共和国道路运输条例》及《道路旅客运输及客运站管理规定》的规定,道路客运许可证件是指因实施道路旅客运输行政许可而颁发的证件。根据这一精神,《道路旅客运输及客运站管理规定》第八十四条中“道路客运经营许可证件”主要包括《道路运输经营许可证》、《道路运输证》、《道路客运班线经营许可证明》、《从业资格证》。

59. 从住地拉客后再到许可的运输线路上经营是否合法？

来　信　我县位于甲市和乙县之间，距甲市22公里，距乙县40公里，现有我县的几辆客车，按照批准的客运线路应从甲市发车到达乙县，即甲市—乙县，由于运输经营者家住我县，每天晚上停运后把车开回家，早上按点在甲市发车，但每天提前从我县运输旅客至甲市。请问，这种行为是否合法？

答　根据《中华人民共和国道路运输条例》和《道路旅客运输及客运站管理规定》的规定，客运班线实行许可制度，即道路运输经营者应当按照许可的客运班线从事经营活动。其中《道路旅客运输及客运站管理规定》第十九条第三款规定，道路运输管理机构对符合法定条件的道路客运班线经营申请作出准予行政许可决定的，应当出具《道路客运班线经营行政许可决定书》，明确许可事项，许可事项为经营主体、班车类别、起讫地及起讫站点、途经路线及停靠站点、日发班次、车辆数量及要求、经营期限；并在10日内向被许可人发放《道路客运班线经营许可证明》，告知班线起讫地道路运输管理机构；属于跨省客运班线的，应当将《道路客运班线经营行政许可决定书》抄告途经上下旅客的和终到的省级道路运输管理机构。

按照以上规定，道路运输经营者必须按照许可的客运班线从事经营活动，对于不按规定线路从事经营活动的，《中华人民共和国道路运输条例》和《道路旅客运输及客运站管理规定》设定了行政处罚。来信中反映的情况实际上没有按照核定的路线行驶，运输了从该县至甲市的旅客，属违法行为。《中华人民共和国道路运输条例》第七十条规定，不按批准的客运站点停靠或者不按规定的线路、公布的班次行驶的，由县级以上道路运输管理机构责令改正，处1000元以上3000元以下的罚款；情节严重的，由原许可机关吊销道路运输经营许可证。因此，对于来信中反映的情况，属于未按规定的线路行驶，应当按照以上规定实施行政处罚。

60.《道路运输证》上核定的载客座位数与机动车行驶证上核定的座位数不同，该如何处理？

来　信　我是一名基层运输管理人员，最近我们在检查中查到一辆长途客车，其《道路运输证》标明的是24座，但实际载客32人，当我们要以超载处理时，驾驶员拿出的机动车行驶证却核定载客30人。面对两种证件核定载客人数不符的情况，我们该如何处理？

答　对来信中反映的问题，看似复杂，实际上还是比较好处理。第一，对于道路运输经营者来说，不管是以《道路运输证》核定的载客数为准，还是以机动车行驶证核定的载客数为准，都属于超载行为，都应当依据法律的规定进行查处。当然，如果超载人员有免票儿童，且符合《道路旅客运输及客运站管理规定》第四十九条"在载客人数已满员的情况下，允许再搭载不超过核定人员10%的免票儿童"规定的，道路运输管理机构不得对道路运输经营者实施行政处罚。第二，核定载客数以谁为准的问题。从证件的合法角度看，《道路运输证》以及机动车行驶证上核定的载客数都具有法律效力，但问题是为什么会出现不同？主要有几个方面的情况：一是可能由于公安部门的过错，核定错了载客数；二是可能道路运输经营者为了偷逃交通规费或者其他原因，擅自拆卸了座位，而且道路运输管理机构未发现；三是可能道路运输管理机构在配发《道路运输证》时，未与机动车行驶证进行对照，错误核定了载客数。对于以上情况，道路运输管理机构在执法中发现后，都应当通过车籍地的道路运输管理机构予以纠正，并查找原因，属于道路运输管理机构责任的，应当追究相关人员的责任；对于属道路运输经营者原因的，应当依法进行处罚；属于其他部门的，应当转告，以便纠正。

61. 交通部门能否按照国务院有关出租汽车的文件对出租汽车客运企业收取风险抵押金的行为进行管理?

来 信 我县于2001年6月经市政府批准允许出租汽车营运,当时采取的是群众个人购车,挂靠公司后由公司统一报户,所有费用由车辆购买者承担,车辆购买者与公司签订承包合同,公司实行统一管理的模式。目前,部分车辆车况较差,急需更新,可企业在收取了更新车辆附加费、保险费、车辆报户费等费用后,又加收5000~10000元不等的风险抵押金、安全保证金等,因此多名车辆所有者不满而上访。请问,县级交通局是否可以按照《国务院办公厅关于进一步规范出租汽车行业管理有关问题的通知》精神,制定相应措施制止收取风险抵押等问题?

答 《国务院办公厅关于进一步规范出租汽车行业管理有关问题的通知》(国办发[2004]81号)规定,要坚决制止企业利用出租汽车经营权,以车辆挂靠、一次性“买断”、收取“风险抵押金”、“财产抵押金”、“运营收入保证金”和“高额承包”等方式向驾驶员转嫁投资和经营风险,牟取暴利。因此,属于交通部门管理出租汽车的地方,应当认真贯彻落实《国务院办公厅关于进一步规范出租汽车行业管理有关问题的通知》的文件精神,规范企业行为,切实保障从业人员的合法权益。

62. 在客车内放小板凳或加铺能否实施行政处罚？

来　信　我是运管所的一名执法人员，请问对客运经营者在客车内放小板凳或加铺，是否能根据《中华人民共和国道路运输条例》七十一条的规定实施处罚？

答　根据《中华人民共和国道路交通安全法》和《中华人民共和国道路交通安全法实施条例》、《中华人民共和国道路运输条例》的规定，客运车辆应当按照有关法律以及国家标准的规定配备设施、设备和载客，不得擅自增加影响运行安全和旅客安全的设施设备。因此，对于来信中反映的在客车内放小板凳的行为，由于影响了旅客和车辆运营安全，违反了《中华人民共和国道路交通安全法》等法律、行政法规的规定，所以是不允许的。如果此行为未造成严重后果，道路运输管理机构应当责令道路运输经营者改正；如果此行为已经造成严重后果，应当依法追究法律责任。对于在客车内擅自加铺的行为，由于擅自改装了车辆，影响了运行安全，具有较大安全隐患，可能造成严重后果，所以对于这一类行为，应当区别于在客车内放小板凳的行为，属于《中华人民共和国道路交通安全法》和《中华人民共和国道路运输条例》规定的擅自改装车辆的违法行为，道路运输管理机构在实施监督检查活动过程中，发现此类违法行为的，应当依照《中华人民共和国道路运输条例》第七十一条第二款的规定，由县级以上道路运输管理机构责令改正，处5000元以上2万元以下的罚款。

对于由于加小板凳或加铺导致客车装载旅客超载的，道路运输管理机构应当移交公安部门依照《中华人民共和国道路交通安全法》等法律、行政法规实施行政处罚。

63. 旅客未持客票乘车，能否对道路运输经营者实施行政处罚？

来　信　我们在检查一辆客车的过程中，检查旅客是否持有有效客票时，有一位旅客说没有给他车票，还有三位旅客说车票已经扔掉了。执法人员告诉车主有一位旅客未给车票，车主上车看了一下说那个人是他亲戚，不用买票。请问，这种情况能否进行行政处罚？那三位扔掉车票的旅客该怎样处理？

答　根据《中华人民共和国合同法》的规定，客票是运输合同的重要内容，是承运人将旅客从起运地点运输到约定地点，旅客支付票款的重要凭证。客运合同自承运人向旅客交付客票时成立，但当事人另有约定或者另有交易习惯的除外。

为督促旅客和承运人履行运输合同，《中华人民共和国合同法》对旅客的权利和义务作了规定，即“旅客应当持有效客票乘运。旅客无票乘运、超程乘运、越级乘运或者持失效客票乘运的，应当补交票款，承运人可以按照规定加收票款。旅客不交付票款的，承运人可以拒绝运输。旅客应当支付票款或者运输费用。承运人未按照约定路线或者通常路线运输增加票款或者运输费用的，旅客可以拒绝支付增加部分的票款或者运输费用。”同时，《中华人民共和国合同法》对承运人的权利和义务作了规定，即“从事公共运输的承运人不得拒绝旅客、托运人通常、合理的运输要求。承运人应当在约定期间或者合理期间内将旅客安全运输到约定地点。承运人应当按照约定的或者通常的运输路线将旅客运输到约定地点。”同时，《中华人民共和国道路运输条例》第十七条规定：“旅客应当持有效客票乘车，遵守乘车秩序，讲究文明卫生，不得携带国家规定的危险物品及其他禁止携带的物品乘车。”

由此看出，客票是承运人和旅客履行运输合同的重要证据，也是保护旅客和承运人权益的重要凭证。因此，对于道路运输经营活动来说，道路运输经营者应当按照法律规定给予旅客客票，以此规范道路运输经营行为和保障旅客的权益。但是，由于运输合同（客票）主要是两个平等主体间的关系，即承运人与旅客的关系，属于民事行为，因此，《中华人民共和国道路运输条例》和《道路旅客运输及客运站管理规定》并未对道路运输经营者未给付旅客客票的行为设定行政处罚。因此,道路运输管理机构不可因道路运输经营者未给付旅客客票而对其实施行政处罚。当然,这并不意味着道路运输经营者不给付客票的行为是正确的,相反,不按规定给付客票会带来许多问题,可能会给履行运输合同带来很多矛盾,尤其是当发生运输事故时,需维护旅客的权益时,如无客票,可能带来很大的麻烦和纠纷。因此,道路运输管理机构发现道路运输经营者未按法律规定给付旅客客票的,应当对道路运输经营者进行批评教育,并责令改正。

需要提醒的是,旅客为维护自身权益,在汽车站购票后应当妥善保管客票,如在途中上车的,要主动索要并保管好客票。

64. 我国国际道路运输经营者能否从事起讫点均在我国境内的道路旅客运输?

来　信　我公司是一家主要从事道路旅客运输经营的企业,我们认真学习了《国际道路运输管理规定》第二十五条的规定:“禁止外国国际道路运输经营者从事我国国内道路旅客和货物运输经营。禁止外国国际道路运输经营者在我国境内自行承揽货物或招揽旅客。”但对此我们有些不理解,请问我国从事国际道路运输经营者是否能经营起讫地均在我国境内的旅客运输?

答　为规范国际道路运输经营行为,《中华人民共和国道路运输条例》第五十一条第二款规定:“外国国际道路运输经营者的车辆在中国境内运输,应当标明本国国籍识别标志,并按照规定的运输线路行驶;不得擅自改变运输线路,不得从事起止地都在中国境内的道路运输经营。”《国际道路运输管理规定》第二十五条第一款、第三款分别规定:“禁止外国国际道路运输经营者从事我国国内道路旅客和货物运输经营。禁止外国国际道路运输经营者在我国境内自行承揽货物或者招揽旅客。”这样规定,主要是我国与周边国家签署的双边或多边汽车运输协定已明确规定不允许缔约一方的道路运输经营者经营另一方的国内运输,目的是实现交通权平等,保护国内道路运输经营者的合法权益,防止扰乱国内道路运输秩序。这也是国际上的通常做法。

对于我国的国际道路运输经营者能否从事起讫点均在国内的道路旅客运输,与《中华人民共和国道路运输条例》第五十一条、《国际道路运输管理规定》第二十五条规定关系并不大,而是看我国的国际道路运输经营者是否取得从事国内道路客运的经营许可、是否取得客运线路经营权。根据《中华人民共和国道路运输条例》和《国际道路运输管理规定》的规定,申请从事国际道路运输经营活动的,其中条件之一是要取得国内道路运输经营许可证的企业法人。如果我国的国际道路运输经营者原来本身就是从事国内道路旅客运输的企业,那么他肯定取得了国内道路客运经营许可和客运线路经营权,显而易见,他可以从事起讫地均在我国境内的道路旅客运输;如果我国的国际道路运输经营者原来是从事国内道路货物运输的企业,那么他在从事国际道路运输后又取得了国内道路客运经营许可和客运线路经营权,那么他可以从事起讫地均在我国境内的道路旅客运输。反之,如未取得国内客运经营许可,则不能。

需要说明的是,以上观点是对国际道路运输企业整体而言。如果是落实到具体客车上,那么从事国际道路旅客运输的车辆在运输过程中是不允许同时搭载起讫点均在我国境内的旅客。这主要是为了保护国内、国外旅客的利益,为了规范国内、国际道路旅客运输市场,确保公平竞争,保证运输服务质量。

65. 客运经营者拒载免票儿童该怎么办?

来 信 我是汽车客运站驻站办的运输执法人员,在工作中常遇到这样的情况,客车车主为了谋取更多的利益而要求携带免票儿童的乘客为其儿童买票,否则就强行退票拒载。可是,按照《道路旅客运输及客运站管理规定》第四十九条规定,严禁客车超载运行,在载客人数已满的情况下,允许再搭乘10%的免票儿童,可是客车车主却一个免票儿童都不允许搭乘,理由是交警部门只要超过总核定人数就一律按超员处罚。请问,客车在核定的载客人数内,不允许10%的免票儿童搭乘,拒载携带免票儿童,或者要求免票儿童买票的行为,应该对其实施行政处罚吗?

答 交通部颁布的《汽车旅客运输规则》第二十二条规定:"成人及身高超过1.3米的儿童购买全价票。持一张全价票的旅客可免费携带1.1米以下儿童一人乘车,但不供给座位;携带免费乘车儿童超过一个或要求供给座位时,须购买儿童票。"这对儿童购票或免票作出了明确的规定,目的是保护儿童的合法权益。此外,《中华人民共和国合同法》第三百零二条规定:"承运人应当对运输过程中旅客的伤亡承担损害赔偿责任,但伤亡是旅客自身健康原因造成的或者承运人证明伤亡是旅客故意、重大过失造成的除外。前款规定适用于按照规定免票、持优待票或者经承运人许可搭乘的无票旅客。"由此可以看出,免票儿童的权益受法律保护。

因此,履行对儿童免票的规定,是道路客运经营者的法定义务。只要客车载客人数未满,或者载客人数已满但免票儿童未超过载客人数的10%,那么道路客运经营者必须履行国家关于儿童免票的规定,不得拒载或要求免票儿童购票。如果道路客运经营者不履行国家关于儿童免票的规定,拒载免票儿童或要求免票儿童购票的,一方面,旅客有权通过投诉、提起民事诉讼等法定渠道主张自己的权利;另一方面,更为重要的是,道路运输管理机构应当加大对道路运输经营者的监督检查力度,对拒载免票儿童或者要求免票儿童购票的,应当对道路客运经营者进行批评教育,督促其履行法定义务,并且可将其行为作为质量信誉考核的重要内容,作为其能否新增客运车辆和客运线路的重要参考指标。

66. 从事道路旅客运输是否只能是企业?

来　信　我是一名基层运输管理人员,最近在参加业务培训时碰到这样一个问题:《道路旅客运输及客运站管理规定》第十四条的规定"申请从事道路旅客运输经营的,应当提供企业章程文本"。这是否意味着从而排除了自然人从事道路旅客运输的可能性?但是《道路旅客运输及客运站管理规定》第十条第(一)项又规定,经营四类客运班线的班车客运营者应当自有营运客车1辆以上,这又似乎可以允许个体运输户存在。对于这一点,我难以理解,特意向工商管理部门进行了咨询,他们认为,一个运输经营者购置一辆客车从事营运只能以个体经营户形式存在,不能注册为公司,即不能算是真正意义上的企业。如果一个运输经营者拥有一辆客车不能算是企业的话,那么我们在办理运输许可过程中又如何让当事人提交企业章程文本?如果个体户不能申请道路旅客运输经营,那么《道路旅客运输及客运站管理规定》中的"经营四类客运班线的班车客运经营者应当自有营运客车1辆以上"的规定又作何理解?

答　《中华人民共和国道路运输条例》第八条规定了申请从事客运经营的条件,要求有与其经营业务相适应并经检测合格的车辆,有符合规定条件的驾驶人员,有健全的安全生产管理制度。申请从事班线客运经营的,还应当有明确的线路和站点方案。交通部发布的《道路旅客运输及客运站管理规定》第十条对申请从事道路客运经营的条件进行细化,要求符合以下规定:

(一)有与其经营业务相适应并经检测合格的客车。其中客车应达到以下技术要求:1. 技术性能符合国家标准《运输车辆综合性能要求和检验方法》(GB 18565)的要求;2. 外廓尺寸、轴荷和质量符合国家标准《道路车辆外廓尺寸、轴荷和质量限值》(GB 1589)的要求;3. 从事高速公路客运或者营运线路长度在800公里以上的客运车辆,其技术等级应当达到行业标准《运输车辆技术等级划分和评定要求》(JT/T 198)规定的一级技术等级;营运线路长度在400公里以上的客运车辆,其技术等级应当达到二级以上;其他客运车辆的技术等级应当达到三级以上。其中客车类型等级应达到以下要求:从事高速公路客运、旅游客运和营运线路长度在800公里以上的客运车辆，其车辆类型等级应当达到行业标准《营运客车类型划分及等级评定》（JT/T 325）规定的中级以上。其中客车数量应达到以下要求：1. 经营一类客运班线的班车客运经营者应当自有营运客车100辆以上、客位3000个以上，其中高级客车在30辆以上、客位900个以上；或者自有高级营运客车40辆以上、客位1200个以上；2. 经营二类客运班线的班车客运经营者应当自有营运客车50辆以上、客位1500个以上，其中中高级客车在15辆以上、客位450个以上；或者自有高级营运客车20辆以上、客位600个以上；3. 经营三类客运班线的班车客运经营者应当自有营运客车10辆以上、客位200个以上；4. 经营四类客运班线的班车客运经营者应当自有营运客车1辆以上；5. 经营省际包车客运的经营者，应当自有中高级营运客车20辆以上、客位600个以上；6. 经营省内包车客运的经营者，应当自有营运客车5辆以上、客位100个以上。

（二）从事客运经营的驾驶人员，应当取得相应的机动车驾驶证，年龄不超过60周岁，3年内无重大以上交通责任事故记录，经设区的市级道路运输管理机构对有关客运法律法规、机动车维修和旅客急救基本知识考试合格而取得相应从业资格证。

（三）有健全的安全生产管理制度，包括安全生产操作规程、安全生产责任制、安全生产监督检查、驾驶人员和车辆安全生产管理的制度。

（四）申请从事道路客运班线经营，还应当有明确的线路和站点方案。

从以上条件可以看，并未规定只有企业才能从事道路旅客运输，也未排除自然人申请从事道路旅客运输，个人可以申请从事一定范围内的道路旅客运输。当然，为提高运输效率和服务质量，国家鼓励道路客运经营者实行规模化、集约化、公司化经营，禁止挂靠经营。

对于《道路旅客运输及客运站管理规定》第十四条要求提供“企业章程文本”，主要是指申请从事道路客运经营的当事人拟成立道路旅客运输企业的，要求提供“企业章程文本”，如不是拟成立道路旅客运输企业的，则可不提供“企业章程文本”。

67. 擅自停止道路客运经营能否视为自动放弃经营权？

来　信　我们在客运质量信誉考核中遇到这么一种情况：有一条客运班线，其运输经营者拥有七八辆客运车辆，且都参加了年审，缴纳了全年的运管费，但平时只投放了部分车辆，有两辆客车停止运输，只在春运高峰期投入使用。对此，有两种意见：一是《中华人民共和国道路运输条例》第十八条规定，班线客运经营者取得道路运输经营许可证后，应当连续为公众提供运输服务。《道路旅客运输及客运站管理规定》第二十九条规定，客运经营者在取得全部经营许可证件后，无正当理由超过180天不投入营运或者连续180天以上停运的，视为自动放弃。所以，对于停止运输的，应当取缔其经营资格。二是以上两条规定是针对客运经营者的经营行为，而不针对客运车辆。虽然两辆客车停运超过180天，但其他车仍在继续为公众提供运输服务。因此，不能视为自动放弃，不应当取消其经营资格，但可以按照未按规定的班次行驶进行处罚。请问，我们该如何处理较为妥当？

答　《中华人民共和国道路运输条例》第十八条规定，班线客运经营者取得道路运输经营许可证后，应当向公众连续提供运输服务，不得擅自暂停、终止或者转让班线运输；第十五条规定，客运经营者需要终止客运经营的，应当在终止前30日内告知原许可机关。这样规定，主要是考虑到道路旅客运输是一种公共服务，要求客运经营者提供连续服务能力，保证人民群众出行的需要。

对于客运经营者未告知道路运输管理机构的情况下，在客流低峰时擅自停止部分客车运输、在春运高峰时投入运行的行为，属于典型的趋利行为，没有履行连续提供服务的法定义务，违反了《中华人民共和国道路运输条例》的规定，应当予以制止，并给予相应的行政处罚。

道路运输管理机构发现道路客运经营者擅自停止部分客车运输后，除应当予以制止、实施相应行政处罚外，还应当根据《道路旅客运输及客运站管理规定》第二十九条第三款的规定，即客运经营者和客运站经营者在取得全部经营许可证件后无正当理由超过180天不投入运营或者运营后连续180天以上停运的，视为自动终止经营，收回相应的运输线路经营权和运输标志，并批准新的客运经营者，保证足够的客运车辆，以满足公众出行的需要。

68．“黄金周”期间能否开展包车客运业务？

来　信　近段时间内，特别是五一、十一“黄金周”期间，经常有我市邻县的客车来我市进行包车业务，且手续齐全，请问这种行为是否合法？

答　《道路旅客运输及客运站管理规定》对包车客运的许可、运营、监管进行了调整和规范，其中第六十二条规定：“客运包车应当凭车籍所在地县级以上道路运输管理机构核发的包车客运标志牌，按照约定的时间、起始地、目的地和线路运行，并持有包车票或者包车合同，不得按班车模式定点定线运营，不得招揽包车合同外的旅客乘车。客运包车除执行道路运输管理机构下达的紧急包车任务外，其线路一端应当在车籍所在地。单程的去程包车回程载客时，应当向回程客源所在地县级以上道路运输管理机构备案。”但《道路旅客运输及客运站管理规定》并未在时间上对包车客运作禁止或限制性规定。因此，只要道路包车客运经营者已经取得经营资格，符合《道路旅客运输及客运站管理规定》的规定，那么就应当允许其在“五一”、“十一”期间从事相应的包车客运业务，道路运输管理机构不得以任何理由对其进行限制或处罚。当然，如果其包车客运经营者存在往返乘客与合同约定不同、中途招揽乘客等，违反了《道路旅客运输及客运站管理规定》，则应当依法查处。

第三章　道路货物运输

69. 对异地违规运输危险货物的车辆该如何处置?

来 信 我们在日常检查工作中,经常会接到群众举报,一些未办理相关手续的异地货运车辆,经过伪装,途径我市时进行危险货物运输。对于这种情况,我市道路运输管理机构是否有权对这些车辆进行扣押,是否可以进行处罚,如何处置危险货物?

答 根据《危险化学品安全管理条例》和《中华人民共和国道路运输条例》以及《危险货物运输管理规定》等规章的规定,从事经营性和非经营性的危险货物运输,必须具备严格的条件,依法取得道路危险货物运输经营许可证或道路危险货物运输许可证。未取得道路危险货物运输许可证件,从事道路危险货物运输活动的,道路运输管理机构应当依据《危险化学品安全管理条例》和《中华人民共和国道路运输条例》以及有关规章的规定,依法对违法行为当事人实施行政处罚。

对于来信中反映的,一些未办理相关手续的异地货运车辆经营危险货物运输的行为,尽管当事人已经取得了普通货物运输经营资格,但由于其未取得危险货物运输经营资格,因此仍属于未取得道路危险货物运输许可证,擅自从事道路危险货物运输活动的行为,道路运输管理机构应当依据《中华人民共和国道路运输条例》第六十四条的规定,由县级以上道路运输管理机构责令停止经营;有违法所得的,没收违法所得,处违法所得 2 倍以上 10 倍以下的罚款;没有违法所得或者违法所得不足 2 万元的,处 3 万元以上 10 万元以下的罚款;构成犯罪的,依法追究刑事责任。

道路运输管理机构在监督检查的过程中,发现未取得道路危险货物运输许可擅自从事道路危险货物运输的,应当依法查处并妥善处置。因为危险货物具有易爆、易燃、剧毒、放射性、腐蚀等特性,如处置不当,可能引发事故。对于所查获的危险货物和违法运输车辆,道路运输管理机构应当按照《危险化学品安全管理条例》所规定的职责,告知经济贸易综合管理、公安、质检、环境保护、卫生等部门,分别履行法定职责,进行相应的处置。对于所运输的危险货物,应当由具备危险货物运输资格的企业运输至适合储存的地点或目的地,并按规定收取相应的费用。对于运输危险货物的违法车辆,应当责令违法行为当事人按照有关规定和程序进行处理，确保安全。如违法车辆符合暂扣条件的，道路运输管理机构可依法进行暂扣，但应当妥善保管，防止意外事故发生。

70. 运送商品汽车是否需要办理《道路商品汽车发送证》?

来 信 我县有一汽车组装厂,其组装好的商品汽车发送到全国各地。请问,此商品汽车驾驶员是否还必须使用《道路商品汽车发送证》,如未使用或使用无效的《道路商品汽车发送证》是否可以处罚?

答 根据《关于废止8件交通规章的决定》(交通部令2004年第8号),废止了交通部于1997年2月13日颁布的《道路商品汽车发送管理办法(试行)》。因此,道路运输管理机构不得依据《道路商品汽车发送管理办法(试行)》实施相应的管理,不得要求商品汽车发送驾驶员办理《道路商品汽车发送证》,不得以未携带《道路商品汽车发送证》为由对驾驶员实施行政处罚。对于使用专用车辆进行滚装运输(驮背运输)商品汽车的,视同营业性道路货物运输,即使在《道路商品汽车发送管理办法(试行)》有效时,也不需要办理《道路商品汽车发送证》,因此更不得以无《道路商品汽车发送证》为由,对驾驶员实施行政处罚。

需要说明的是,使用专用车辆进行滚装运输商品汽车的,应当取得普通货物运输经营资格,否则违反了《中华人民共和国道路运输条例》的规定,可以对其实施行政处罚。

71. 使用货运车辆从事道路客运经营该怎样处理?

来　信　我是贵州黔东南州基层运管所的一个工作人员,在对使用货车从事客运怎么处理问题上有些不解。一些人认为,应当按照《中华人民共和国道路运输条例》第六十四条规定,按未取得道路运输经营许可进行处理。对此,我认为不妥。《中华人民共和国道路交通安全法》第五十条规定,禁止货运机动车载客;第九十二条规定,货运机动车超过核定载质量的,处二百元以上五百元以下罚款;超过核定载质量百分之三十或者违反规定载客的,处五百元以上二千元以下罚款。《中华人民共和国道路运输条例》第三十五条又规定:"道路运输车辆运输旅客的,不得超过核定的人数,不得违反规定载货;运输货物的,不得运输旅客,运输的货物应当符合核定的载质量,严禁超载;载物的长、宽、高不得违反装载要求。违反前款规定的,由公安机关交通部门依照《中华人民共和国道路交通安全法》的有关规定进行处罚。"可以看出,《中华人民共和国道路交通安全法》、《中华人民共和国道路运输条例》都对货车从事客运作了明确的规定,即由公安机关交通管理部门进行处罚。按照《中华人民共和国行政处罚法》行政处罚的设定原则,法律对违法行为作出行政处罚规定,行政法规需要作出具体规定的,必须在法律规定的给予行政处罚的行为、种类和幅度的范围内规定。使用货车从事客运虽然违反了未经许可擅自从事客运的规定,但它首先是违反了《中华人民共和国道路交通安全法》。所以我认为,货车从事客运不能按《中华人民共和国道路运输条例》第六十四条进行处罚,而应当由公安机关交通管理部门按照《中华人民共和国道路交通安全法》的有关规定进行处罚。不知我的这种说法对吗?

答　你的理解不是很准确。为加强对《中华人民共和国道路交通安全法》和《中华人民共和国道路运输条例》的理解,就有关问题说明如下:

一、关于《中华人民共和国道路交通安全法》和《中华人民共和国道路运输条例》的调整范围。《中华人民共和国道路交通安全法》与《中华人民共和国道路运输条例》的调整范围不同,《中华人民共和国道路交通安全法》调整的是道路交通安全,即要求车辆驾驶员、行人、乘车人以及与道路交通活动有关的单位和个人应当遵守《中华人民共和国道路交通安全法》的规定;而《中华人民共和国道路运输条例》调整的是道路运输经营的资格及行为,即要求从事道路运输及相关业务经营必须具备相应的资格,同时要求取得道路运输经营活动的必须按规定从事经营活动。

二、关于《中华人民共和国道路交通安全法》和《中华人民共和国道路运输条例》是否相抵触的问题。《中华人民共和国道路交通安全》和《中华人民共和国道路运输条例》调整的内容尽管都与交通有关,但实质上并不冲突和矛盾,它们之间并不存在大小关系,调整的只是交通的两个方面,一个是道路交通安全,另一个是运输。因此,道路运输管理机构依据《中华人民共和国道路运输条例》实施相应的管理,并没有违反《中华人民共和国道路交通安全法》的规定,不存在下位法违反上位法的问题。

三、关于货车载客行为的处理问题。对于货车载客的行为,实际上包括两种情况:一种是货车非经营性载客的问题,也就是载客时不收费;另一种是货车经营性载客的问题,也就是说载客时还收费。对于第一种情况,由于没有违反道路旅客运输经营活动的规定,只违反《中华人民共和国道路交通安全法》的安全管理规定,因此应当依照《中华人民共和国道路交通安全法》由公安部门实施相应的行政处罚;对于第二种情况,由于属于货车载客并从事旅客运输经营活动,因此既违反了《中华人民共和国道路交通安全法》安全管理的规定,又违反了《中华人民共和国道路运输条例》旅客运输经营资格的规定,因此对于这种违法行为,既要依照《中华人民共和国道路交通安全法》由公安部门对当事人违反交通安全管理的行为实施相应的行政处罚,又要依照《中华人民共和国道路运输条例》由道路运输管理机构对当事人违反道路运输管理的行为实施相应的行政处罚。

72. 对驾驶室能载客6人的货车该如何核发《道路运输证》?

来 信 最近,我省一些城市运输市场出现了一种汽车,该车核定载质量为2吨,核定驾驶室载客6人,公安车辆管理部门在其车辆行驶证上定性为中型封闭货车。道路运输管理机构在配发《道路运输证》时遇到了以下问题:一是这种车辆能否允许从事道路运输;二是否能按车辆行驶证填写的车辆类型发放《道路运输证》;三是如果对其按货运车辆发放《道路运输证》,驾驶室内的4位乘客(不含正副驾驶2人)如何定性,经营范围如何填写,如何收取交通规费。

答 关于来信反映的这种汽车从事营业性道路运输有关问题,应当按以下原则处理:

一、《中华人民共和国道路运输条例》和《道路货物运输及站场管理规定》对从事道路货物运输经营活动的车辆条件进行了规定,如这种汽车符合相应规定,当事人申请取得《道路运输经营许可证》后,道路运输管理机构可以向该种类型的汽车配发《道路运输证》。

二、由于公安部门已将这种汽车认定为“中型封闭式货车”,因此道路运输管理机构不得准许道路运输经营者使用该种汽车从事道路旅客运输。

三、当事人或道路货物运输经营者未取得道路旅客运输经营许可,使用这种汽车擅自从事道路旅客运输的,道路运输管理机构应当按照《中华人民共和国道路运输条例》和《道路旅客运输及客运站管理规定》对其实施相应的行政处罚。

四、由于这种汽车属于货车,因此应当按照货车的有关规定缴纳交通规费。

73. 道路运输管理机构在防控禽流感中有何法定职责?

来　信　2005年11月7日,交通部印出了《关于认真做好防控高致病性禽流感工作的紧急通知》。同年11月8日,国务院颁布了《重大动物疫情应急条例》,该条例第四条规定:“县级以上人民政府其他有关部门在各自的职责范围内,做好重大动物疫情的应急工作。”对于道路运输管理机构来说,应如何按照该条例的规定履行法定职责?

答　防止高致病性禽流感疫情的传播,是十分重要的一项工作。各级交通部门应当按照“做一个负责任的政府部门和一个负责任的行业”的要求,采取措施,配合有关部门积极开展防控工作。对于这项工作,法律、法规已经明确了道路运输管理机构的法定职责。《中华人民共和国道路运输条例》第三十三条规定,发生交通事故、自然灾害以及其他突发事件,客运经营者和货运经营者应当服从县级以上人民政府或者有关部门的统一调度、指挥。这也就是说,《中华人民共和国道路运输条例》已经赋予了县级以上人民政府或者有关部门应对突发事件的统一调度、指挥的权利。由于《中华人民共和国道路运输条例》已经授权道路运输管理机构负责道路运输管理工作,所以在发生突发事件后,道路运输管理机构应当在道路运输环节做好相应的工作,如在防控禽流感中,应当做好以下几个方面的工作:一是对进出疫区的车辆和人员进行检查和消毒,发现可能感染禽流感的活禽、禽类制品以及可能感染禽流感的人员,要立即向动物防疫或卫生防疫部门报告;二是保证防疫紧急物资的运输;三是加强活禽和禽类产品的运输管理;四是做好对出入境运输车辆的检查工作;五是开展打击“黑车”的专项行动等。同时,其他行政法规也赋予了道路运输管理机构在应对突发事件的职责,如《重大动物疫情应急条例》等。

74. 道路危险化学品运输无押运人员该怎么处理?

来 信 我是一名基层运输管理人员,在学习《道路危险货物运输管理规定》时,对其第五十三条第(一)项“从事道路危险化学品运输的驾驶员、押运人员、装卸管理人员未取得从业资格证的”这一规定理解不透。如果某企业或单位在运输过程中没有配备押运人员,只有一名驾驶员,请问该如何处理?

答 根据《危险化学品安全管理条例》、《中华人民共和国道路运输条例》和《道路危险货物运输管理规定》的规定,在危险化学品运输的过程中,除驾驶员外,专用车辆上应当另外配备押运人员,押运人员应当对运输全过程进行监管。这样规定,是为了保证危险货物处在押运人员的监管之下,在危险货物运输发生事故时可以采取必要的措施,确保运输安全。道路危险货物运输经营者在运输危险化学品的过程中,不按规定配备押运人员的,应当按照《危险化学品安全管理条例》第六十七条的规定,由公安部门责令改正,处2万元以上10万元以下的罚款,触犯刑律的,依法追究刑事责任。需要说明的是,对于这种违法行为,道路运输管理机构不得按照《道路危险货物运输管理规定》第五十三条的规定实施处罚。

75. 如何对道路危险货物运输进行管理?

来　信　我是一名基层运输管理人员,现就自己在查处危险品运输车辆中碰到的一些难题请给予解答。

一是我曾查获一辆危险品运输车辆,该车危险品营运手续齐全,《道路运输证》上经营范围标注危险品运输,驾驶员无危险品运输上岗资格证,车上货物是一种《危险货物品名表》中没有的化学品,但据当事人说不是危险品。请问这种情况应如何处理?

二是有一次我在现场执法中查到一辆货车,货主也承认了拉的是危险品,也有化验报告,但是品名是一串字母符号,在网上搜索也无法找到,同时在《危险货物品名表》中中无法查出。经请教安监部门,他们的解释是,从检验报告上的挥发度等指标看,应该属于危险品,但是仅凭此他们也无法出具报告,最后只好放行了。对于运输的货物是否属于危险品,请问除了对照《危险货物品名表》和《剧毒化学品目录》以外,还有没有其他的方法可以定性?

三是对于取得危险品运输资格的车辆从事普通货物运输时,应该如何处罚?《危险化学品安全管理条例》第六十六条关于驾驶人员和押运人员的规定,对于空车行驶中的危险品资格的运输车辆是否适用?

答　来信反映的三个问题,具体答复如下:

一、关于如何认定危险货物运输问题。根据《危险化学品安全管理条例》和《中华人民共和国道路运输条例》的规定,道路危险货物运输必须是使用车辆运输爆炸品、压缩气体和液化气体、易燃液体、易燃固体、自燃物品和遇湿易燃物品、氧化剂和有机过氧化物、有毒品和腐蚀品等货物。

危险货物的具体认定标准有三方面的依据:一是列入国家标准《危险货物品名表》(GB 12268)的危险货物;二是虽未列入《危险货物品名表》的其他危险货物,但由国家安全生产监督管理局会同国务院公安、环境保护、卫生、质检、交通部门确定并公布的危险货物。这一规定的主要依据是原国家经济贸易委员会、国家安全生产监督管理局联合发布的《关于国家安全生产监督管理局负责危险化学品安全生产监督管理综合工作的通知》(国经贸法规[2002]323号),这个文件规定,《危险化学品安全管理条例》赋予国务院经济贸易综合管理部门的有关职责交由国家安全生产监督管理局行使;三是列入《剧毒化学品目录》的危险货物。

所以,在执法的过程中,对危险货物运输的认定,必须严格执行法定依据。如果运输的货物名称不属于《危险货物品名表》中的品名,或者不属于国家安全生产监督管理局会同国务院公安、环境保护、卫生、质检、交通部门确定并公布的危险货物的名称,则不可认定为危险货物运输。

二、关于运输危险货物的车辆能否运输普通货物的问题。由于有些危险货物具有剧毒、放射性、腐蚀性等特性,所以按照《危险化学品安全管理条例》和《中华人民共和国道路运输条例》的规定,原则上不允许使用运输危险货物的车辆运输普通货物。对于道路运输经营者可以使用运输危险货物的车辆运输哪些普通货物,不可以运输哪些普通货物,应当作哪些处理,《道路危险货物运输管理规定》作了明确的规定。《道路危险货物运输管理规定》第二十九条规定:"不得使用罐式专用车辆或者运输有毒、腐蚀、放射性危险货物的专用车辆运输普通货物。其他专用车辆可以从事食品、生活用品、药品、医疗器具以外的普通货物运输活动,但应当对专用车辆进行消除危险处理,确保不对普通货物造成污染、损害。危险货物不得与普通货物混装。"

三、关于危险货物运输车辆在空车行驶的过程中其驾驶员、押运员是否需要取得上岗证等问题。根据《危险化学品安全管理条例》和《中华人民共和国道路运输条例》的规定,对危险化学品运输车辆、驾驶员、押运人员的规定,都是特定指运输危险货物的过程中,也就是说车辆已经装载危险货物。所以,对于装载危险货物的运输车辆,必须严格遵守《危险化学品安全管理条例》的规定,确保运输安全。

对于完成危险货物运输任务的空车或者还没有从事危险货物运输的车辆,则应当分两种情况来处理:第一种情况,尽管是空车,但危险货物运输车辆上还有危险货物的残留物,依然具有较强的危险性的,则应当继续遵守《危险化学品安全管理条例》和《中华人民共和国道路运输条例》的规定,确保运输车辆在押运人员的监管之下,比如说,运输放射性、剧毒货物的车辆;第二种情况，完完全全是空车，根本没有任何残留物，不具任何危险性。对于这种情况，可以尽量按照《危险化学品安全管理条例》的规定来要求。这样做，既是保证危险货物运输万无一失，同时也不会给道路运输经营者增加负担。当然，对道路运输管理机构来说，在执法的过程中，对于后一种情况，如果能够区分清楚，则应当尽量不作强制性要求，可考虑不予以行政处罚。当然，以上不管哪一种情况，必须以确保安全为前提。

76. 设立货运分公司应当如何办理?

来　信　《道路货物运输及站场管理规定》第十五条规定"道路货物运输经营者设立分公司的,应当向设立地的道路运输管理机构报备"。请问,运输经营者设立分公司时"报备"需提供哪些材料,设立地的道路运输管理机构是否可向其分公司核发《道路运输经营许可证》,分公司所属车辆的《道路运输证》由哪个部门配发?

答　《道路货物运输及站场管理规定》第十五条规定:"道路货物运输经营者设立子公司的,应当向设立地的道路运输管理机构申请经营许可;设立分公司的,应当向设立地的道路运输管理机构报备。"这一规定的立法目的主要是推动道路货物运输企业做大做强,推动建立网络化经营,提高运输效率。

按照《道路货物运输及站场管理规定》第十五条的规定,对于设立分公司实行报备制,也就是不再实施行政许可,但准确理解这一精神,应当把握以下几点:

一、货运企业设立分公司,不需要重新申请,只需要报备;

二、设立分公司,应当向设立地的县级或市级道路运输管理机构报备;

三、货运企业设立分公司,需要报备的,不仅仅是道路货物运输经营证件的报备,还包括设施、设备、聘用人员有关材料的报备;

四、设立地的道路运输管理机构接到报备后,要审查报备材料,核查设施、设备是否符合开业条件的要求;

五、货运企业的报备材料以及设施、设备不符合要求的,应当告之其达到规定的要求。达不到规定要求的,可不允许其设立分公司;

六、货运企业材料齐备和设施、设备符合规定要求的,道路运输管理机构不得刁难,应当允许其设立分公司,不需重新发放《道路运输经营许可证》正本,可向分公司发放《道路运输经营许可证》副本。分公司凭《道路运输经营许可证》副本、备案证明等向工商行政管理机关办理工商登记手续;

七、货运企业设立的分公司需要新增车辆的,设立地的道路运输管理机构可向其配发《道路运输证》,但不得重复配发《道路运输证》;

八、为加强管理,设立地的道路运输管理机构对设立的分公司,应当加强对其监管,并及时与总公司注册地的道路运输管理机构建立联络机制,及时通报相关情况。

77. 从事普通货运的车辆能否承运零担货物?

来 信 最近我们接到举报,报称有一辆持有普通货物运输《道路运输证》的2吨厢式货车从事零担货物运输,严重侵害了合法经营者的权益,我们当即对该车进行了检查。经查,该车普通货物运输手续齐全,但装载的各种水果、蔬菜等货物为5个托运人分别托运的,确实是经营零担货物运输。在对此案的定性及处理上,我们内部持有两种不同意见:一种意见认为,应当依照交通部的《道路运输行政处罚规定》的规定,按超越《道路运输证》上核定的经营范围从事经营活动处理,处300~1000元罚款。另一种意见认为,应当按照《中华人民共和国道路运输条例》第六十四条的规定,按未取得道路运输经营许可,擅自从事道路运输经营处理,责令停止经营,处3~10万元罚款。请问,这起投诉案件我们该如何认定和处理?

答 按照《中华人民共和国道路运输条例》和《道路货物运输及站场管理规定》的规定,对从事普通货物运输的,没有限定整批和零担货物运输的经营范围。也就是说,普通货物运输的车辆无需特别许可,就可以运输零担货物。因此,对来信中反映的情况,既不可按照《道路运输行政处罚规定》实施行政处罚,也不可按照《中华人民共和国道路运输条例》第六十四条规定实施行政处罚。

78. 能不能使用商品汽车运输货物？

来　信　随着社会的进步、经济的发展，我国的汽车制造业得到了突飞猛进的发展，同时也带动了我国道路运输业的发展，但也增加了一些道路运输违法行为。我们运管所执法人员在检查中发现，部分商品汽车运送人员利用商品汽车运载货物为自己牟取利益，且严重超载，核载8吨实载40吨，但对这种违法行为我们只能移交公安等部门处理。但这种违法行为较多，约占新车的30%，其中有的运送人员还给商品汽车办理了临时《道路运输证》。请问，这种行为是否与《中华人民共和国道路运输条例》的规定相违背，应当如何处理？

答　根据《中华人民共和国道路运输条例》以及相关规定，从事经营性道路货物运输的，应当取得道路运输经营许可证，车辆应取得《道路运输证》。未取得道路运输经营许可的，不得从事道路运输经营活动。

由于商品汽车是新车，没有取得道路运输经营许可，所以商品汽车运送人员不得利用商品汽车从事道路运输经营活动，更不能超载运输货物。对于利用商品汽车从事道路运输经营活动的，道路运输管理机构应当依据《中华人民共和国道路运输条例》的规定，按照未取得道路运输经营许可的违法行为实施行政处罚。对于商品汽车超载超限运输的，还应当移交公安部门处理。

由于商品汽车是未办理任何合法证件的新车，所以一方面商品汽车运送人员不可申请办理《临时道路运输证》，即使取得了《临时道路运输证》，也不得从事道路运输经营活动；另一方面，运送人员即使申请办理《临时道路运输证》，道路运输管理机构也不应当给其办理《临时道路运输证》。道路运输管理人员违反规定给商品汽车办理《临时道路运输证》的，应当依照《中华人民共和国道路运输条例》的规定，予以收缴，并追究当事人的责任。

79. 危险货物运输驾驶员的上岗证与从业资格证是否为同一证件?

来　信　《中华人民共和国道路运输条例》第二十四条规定:"从事危险货物运输经营的驾驶人员、装卸管理人员、押运人员须经所在地设区的市级人民政府交通主管部门考试合格,取得上岗资格证。"请问,从事危险货物运输经营的驾驶人员的上岗资格证与运输车辆驾驶员的从业资格证是否为同一证件?

答　《危险化学品安全管理条例》第三十七条规定,危险化学品运输企业,应当对其驾驶员、船员、装卸管理人员、押运人员进行有关安全知识培训;驾驶员、船员、装卸管理人员、押运人员必须掌握危险化学品运输的安全知识,并经所在地设区的市级人民政府交通部门考核合格(船员经海事管理机构考核合格),取得上岗资格证,方可上岗作业。危险化学品的装卸作业必须在装卸管理人员的现场指挥下进行。运输危险化学品的驾驶员、船员、装卸人员和押运人员必须了解所运载的危险化学品的性质、危害特性、包装容器的使用特性和发生意外时的应急措施。运输危险化学品,必须配备必要的应急处理器材和防护用品。

《中华人民共和国道路运输条例》第二十四条规定,申请从事危险货物运输经营的,驾驶人员、装卸管理人员、押运人员应当经所在地设区的市级人民政府交通主管部门考试合格,并取得上岗资格证。

以上两部行政法规对驾驶危险货物运输车辆的驾驶员所作要求,都是对从业资格的要求,因此,从事危险货物运输经营的驾驶员的上岗资格证与从业资格证属于同一证件。上岗资格证或从业资格证的式样及管理,应当按照交通部《道路运输从业人员管理规定》的规定执行。

80. 对这种巧立名目的“变型拖拉机”该如何处理?

来　信　我们是从事运输管理工作多年的执法人员,今年以来,我们在工作中经常为查处一种名为“变型拖拉机”从事道路运输经营活动的行为产生意见分歧。最近,我县不少以前曾从事道路运输的经营业户,钻政策的空子,利用国家有关部委对农村中农民从事经营性运输的农用三轮车、农用拖拉机免收公路运输管理费的文件,将原运输车辆出卖后,购置一种载重为2吨或更大的“变型拖拉机”。这些人购置“变型拖拉机”后,到农机部门办理入户手续,然后就直接参与或从事道路运输经营活动。我们在对这种既未办证、也未缴费的“变型拖拉机”实为营运货车查扣后,处理过程中出现了两种截然不同的处理意见:一种意见认为,应当按照《道路运输行政处罚规定》的规定,以无道路运输经营许可证擅自从事道路运输经营活动和未经县级以上道路运输管理机构批准擅自购置运输车辆的规定给予处理后,补办有关营运手续;另一种意见认为,这类车辆虽是货运车辆,但上户时农机部门在其行驶证上注明为“变型运输拖拉机”,如果按以上规定执行,属“三乱”行为,因此主张放行。对于以上两种意见,我们不知该执行哪种为好,望能给予法律上的指导。

答　根据财政部、国家发改委的有关规定,对农村中农民的农用三轮车、拖拉机免征公路运输管理费。这是国家减轻农民负担,增加农民收入的具体政策。对于这项政策的理解,要把握以下几点:

一是对于属于免征范围的车辆,交通部门应当按规定予以免征。对于来信中反映的变型拖拉机,认定是否属于免征公路运输管理费的车辆时,不能简单因其名称叫“变型拖拉机”就减免公路运输管理费,而应看车辆的实际功能及作用,还要看其功率等。

二是免征公路运输管理费并不等同于可以不办理道路运输经营证件,就可以从事道路运输经营活动。根据《中华人民共和国道路运输条例》的规定,没有取得道路运输经营许可证的,不管是农用三轮车还是其他机动车辆,都不可擅自从事道路运输经营活动。

三是即使属免征公路运输管理费的车辆，只要从事道路运输经营活动，都必须按规定取得相应的道路运输经营许可证件。条件不具备的，道路运输管理机构不得向其发放道路运输经营许可证件。

四是免征不等同于不征。免征公路运输管理费只是专门对农民的农用三轮车、拖拉机取得营运资格证件后的所采取的特殊优惠政策。

五是道路运输管理机构仍要加强对属于免征公路运输管理费的车辆监管，这些车辆有违法行为的，应当按照有关规定予以查处。

根据以上精神，对于没有按照《中华人民共和国道路运输条例》规定取得道路运输经营许可证，擅自从事道路运输经营活动的，道路运输管理机构可以依照《中华人民共和国道路运输条例》第六十四条的规定，责令其停止经营；有违法所得的，没收违法所得，处违法所得 2 倍以上 10 倍以下的罚款；没有违法所得或者违法所得不足 2 万元的，处 3 万元以上 10 万元以下的罚款；构成犯罪的，依法追究刑事责任。

81．不具备资格运输危险货物的该怎么处理？

来　信　我是一名基层道路运输执法人员，对《中华人民共和国道路运输条例》的颁布实施感到非常高兴。《中华人民共和国道路运输条例》第二十四条规定了危险货物运输的准入条件，但我们经常发现无危险货物运输标志的车辆运输危险货物。经检查，这些车辆既无危险品运输的证件，驾驶人员、押运人员又未取得上岗资格证。请问，对于这种情况，该如何实施行政处罚？

答　《中华人民共和国道路运输条例》第二十四条规定，申请从事危险货物运输经营的，还应当具备下列条件：（一）有5辆以上经检测合格的危险货物运输专用车辆、设备；（二）有经所在地设区的市级人民政府交通主管部门考试合格，取得上岗资格证的驾驶人员、装卸管理人员、押运人员；（三）危险货物运输专用车辆配有必要的通讯工具；（四）有健全的安全生产管理制度。同时，经营危险货物运输的，要依据《中华人民共和国道路运输条例》第二十五条的规定，依法取得道路危险货物运输经营许可。同时，《危险化学品安全管理条例》对道路危险货物运输资质要求作了明确规定。

对于未取得道路危险货物运输经营许可证，擅自从事道路危险货物运输经营活动的，应当按照《道路危险货物运输管理规定》第四十八条，由县级以上道路运输管理机构责令停止运输，有违法所得的，没收违法所得。运输货物属于危险化学品，违法所得5万元以上的，处违法所得1倍以上5倍以下罚款；没有违法所得或违法所得不足5万元的，处2万元以上20万元以下的罚款。运输货物属于危险化学品以外的其他危险货物的，有违法所得的，处违法所得2倍以上10倍以下的罚款；没有违法所得或者违法所得不足2万元的，处3万元以上10万元以下的罚款。构成犯罪的，依法追究刑事责任。

对于已经取得道路危险货物运输经营许可证，但其驾驶人员（包括押运人员、装卸管理人员）在未取得上岗资格证的情况下，驾驶危险货物运输车辆的，应当按照《危险化学品安全管理条例》第六十六条的规定，由交通部门处2万元以上10万元以下的罚款；触犯刑律的，依照刑法关于危险物品肇事罪或者其他罪的规定，依法追究刑事责任。

82. 危险货物运输驾驶员没有上岗资格证该处罚谁?

来 信 我们在检查中查到一辆运输危险化学品的载货汽车,该车的《道路运输证》上核定的经营范围是危险化学品运输,驾驶员持有驾驶证但没有持危险品运输上岗资格证。据该车驾驶员辩称,是该辆车的车主临时雇佣他,自己也不是很情愿开的,而车主也承认不清楚该驾驶员是否有危险品运输上岗资格证。我们在依据《危险化学品安全管理条例》第六十六条规定实施处罚时,出现两种不同意见:有的同志认为应当对车主处以2万元以上10万元以下的罚款,有的同志认为应当对驾驶员处以2万元以上10万元以下的罚款。请问,究竟应处罚谁?

答 《中华人民共和国道路运输条例》第二十四条规定,申请从事危险货物运输经营的,还应当具备下列条件:(一)有5辆以上经检测合格的危险货物运输专用车辆、设备;(二)有经所在地设区的市级人民政府交通主管部门考试合格,取得上岗资格证的驾驶人员、装卸管理人员、押运人员;(三)危险货物运输专用车辆配有必要的通讯工具;(四)有健全的安全生产管理制度。以上是取得道路危险货物运输经营资格的前提条件。

道路危险货物运输经营者必须按照《中华人民共和国道路运输条例》和《危险化学品安全管理条例》的规定,聘用依法取得上岗资格证的驾驶人员。在运输过程中,驾驶人员的运输经营行为都是代表道路危险货物运输经营者的行为。所以,对于驾驶人员未取得上岗资格证件驾驶危险货物运输车辆的,属于道路危险货物运输经营者的违法行为,道路危险货物运输经营者应当承担相应的法律责任。

因此,对于已经取得道路危险货物运输经营许可证,但其驾驶人员在未取得上岗资格证的情况下驾驶危险货物运输车辆的,应当按照《危险化学品安全管理条例》第六十六条的规定,由交通部门对道路危险货物运输经营者而不是驾驶人员处2万元以上10万元以下的罚款;触犯刑律的,依照刑法关于危险物品肇事罪或者其他罪的规定,依法追究刑事责任。

当然,未取得上岗资格证却驾驶危险化学品运输车辆的驾驶员,并不能免予责任追究，一方面应当要求危险货物运输经营者对其进行经济处罚；更为重要的一方面是，如发生运输事故，造成损失的，驾驶员还要承担部分赔偿责任，触犯刑律的，还应当依照刑法关于危险物品肇事罪或者其他规定，依法追究其刑事责任。

83. 道路危险货物运输车辆搭乘的货主和有关人员是否需要办理从业资格证?

来 信 我们在执法检查中发现有些危险货物运输车辆,车上的驾驶员、押运员都办理了相关的从业资格证,但货主和其他搭乘人员,都没有办理相关的从业资格证。《道路危险货物运输管理规定》只规定从事危险品运输的驾驶员、押运员、装卸管理人员要求取得从业资格证,但货主和搭乘人员是否需要办理危险货物运输从业资格证却未规定。请问,货主及其他搭乘人员是否需要取得从业资格证?

答 《中华人民共和国道路交通安全法》第五十条规定,禁止货运机动车载客。货运机动车需要附载作业人员的,应当设置保护作业人员的安全措施;《中华人民共和国道路交通安全法实施条例》第五十五条第(二)项规定,载货汽车车厢不得载客。由此可以看出,法律禁止货运机动车载客,但是法律并未明确规定不允许货车驾驶室搭乘人员。基于此,一般情况下,货运机动车的驾驶室在不超员的情况下,可允许搭乘有关人员。但由于危险货物车辆所运输的货物具有易燃、易爆、剧毒、腐蚀、放射性等特性,因此危险货物运输车辆不宜搭乘人员,而应当按照《危险化学品安全管理条例》、《中华人民共和国道路运输条例》和《道路危险货物运输管理规定》配备押运人员。

所以,对来信中反映的道路危险货物运输车辆搭乘货主及其他人员,原则上是不宜的。由于《危险化学品安全管理条例》、《中华人民共和国道路运输条例》和《道路危险货物运输管理规定》只规定道路危险货物运输要配备押运人员,以及驾驶员、押运员、装卸管理员要取得从业资格证,而未规定货主及其他搭乘人员需要取得从业资格证,因此道路运输管理机构在监督检查过程中,发现道路危险货物运输车辆搭乘货主及其他人员的,应当告诉当事人的危险性,劝其改乘其他车辆,而且不得检查其从业资格证,更不得以无从业资格证为由对其实施行政处罚。同时,道路运输管理机构应检查是否配备押运人员,押运员和驾驶员是否取得从业资格证,如未取得从业资格证的,应当按照《危险化学品安全管理条例》、《中华人民共和国道路运输条例》和《道路危险货物运输管理规定》的规定,对其实施行政处罚。

84．在《道路运输证》的“经营范围”栏内能否填写多种危险货物运输？

来　信　根据《道路危险货物运输管理规定》第十四条规定，被许可人应当按照限定时间落实拟投入车辆承诺书。作出许可规定的道路运输管理机构已核实被许可人落实了拟投入车辆承诺书且专用车辆符合许可要求、罐体经质检部门检验合格后，应当为专用车辆配发《道路运输证》，并在《道路运输证》经营范围栏注明允许运输危险货物的类别、项别。我们在平时的许可工作中，一般都是采取一辆车只核定危险货物一个类别和一个项别的做法，而运输企业则要求核定多个类别和项别。例如，一辆5吨的栏板货车，既可以运输液化气罐，也可以运输农药，还可以运输氧气瓶等。如果我们在配发《道路运输证》时，在《道路运输证》经营范围栏内只注明一个类别和项别，那么运输企业只要多运输一个品种就要新增一辆危险品运输车，这对运输企业来说很不合适。对此，我们该怎么办？

答　根据《危险化学品安全管理条例》、《中华人民共和国道路运输条例》以及《道路危险货物运输管理规定》的规定，由于危险货物的特性不同，道路危险货物运输按运输危险货物的类别和项别实施行政许可。其中，《道路危险货物运输管理规定》第十二条规定，设区的市级道路运输管理机构应当按照《中华人民共和国道路运输条例》和《交通行政许可实施程序规定》以及本规定规范的程序实施道路危险货物运输行政许可，并进行实地核查。决定准予许可的，应当向被许可人出具《道路危险货物运输行政许可决定书》，注明许可事项，许可事项为运输危险货物的类别和项别、专用车辆数量及要求、运输性质；并在10日内向道路危险货物运输经营申请人发放《道路运输经营许可证》，向非经营性道路危险货物运输申请人颁发《道路危险货物运输许可证》；第十四条规定，被许可人应当按照限定的时间落实拟投入车辆承诺书。作出许可决定的道路运输管理机构已核实被许可人落实了拟投入车辆承诺书且专用车辆符合许可要求、罐体经质检部门检验合格后，应当为专用车辆配发《道路运输证》，并在《道路运输证》经营范围栏内注明允许运输危险货物的类别、项别。

据以上规定，运输危险货物的企业是按危险货物的类别和项别取得运输经营资格的，《道路运输证》上也是按照运输企业取得的危险货物运输的类别和项别进行填写。尽管《道路危险货物运输管理规定》未明确规定一辆危险货物运输车辆只能运输一个品种的危险货物，但由于危险货物的特性不同，如剧毒、腐蚀、放射性、易燃、易爆，因此原则上应尽可能地只运输一种危险货物。这是为了运输安全的需要，也是为了防止发生运输事故，目的是保护人民群众的生命、财产安全，是一个负责的态度和责任。同时，也有利于危险货物运输企业做强做大。

当然，如危险货物运输企业取得了多种危险货物运输的经营资格，而其中的一些危险货物具有相同的特性，不会因使用同一辆车而发生事故，那么，可使用同一辆车在不同的运输过程中运输不同种类的危险货物，但必须做好车辆妥善处理工作，防止事故发生。但这必须在十分安全的情况下，否则并不允许。而且对于这一种情况，并不鼓励，而是应当限制。对不同特性的危险货物的运输，尤其是可能引发事故的，只能由一辆车运输，不允许交叉运输。

另外，《道路危险货物运输管理规定》第二十九条特别规定，不得使用罐式专用车辆或者运输有毒、腐蚀、放射性危险货物的专用车辆运输普通货物。其他专用车辆可以从事食品、生活用品、药品、医疗器具以外的普通货物运输活动，但应当对专用车辆进行消除危险处理，确保不对普通货物造成污染、损害。危险货物不得与普通货物混装。

85. 在危险货物运输过程中未配备押运人员的，交通部门能否对企业实施行政处罚？

来　信　我是一名基层道路运输执法人员，在平时的道路运输监管中，发现一些危险货物运输经营者运输危险货物时，未随车配备押运人员，存在极大的事故隐患。《中华人民共和国道路运输条例》第二十八条规定，运输危险货物应当配备必要的押运人员，保证危险货物处于押运人员的监管之下。请问，交通部门能否根据《危险化学品安全管理条例》第三十七条、第六十六条的规定对危险货物运输企业未随车配备押运人员的实施相应的处罚？

答　根据《危险化学品安全管理条例》、《中华人民共和国道路运输条例》及《道路危险货物运输管理规定》的规定，危险货物运输必须配备押运人员，确定危险货物在运输过程中始终处在押运人员的监控之下，预防和减少发生危险货物运输事故，并在发生运输事故后能实施紧急处理，确定运输安全。

《危险化学品安全管理条例》第六十七条的规定，危险化学品运输企业运输危险化学品，不配备押运人员或者脱离押运人员监管的，由公安部门责令改正，处2万元以上10万以下的罚款；触犯刑律的，依照刑法关于危险物品肇事罪、重大污染事故罪或者其他罪的规定，依法追究刑事责任。

由于在道路危险货物运输过程中，对危险货物运输企业未配备押运人员的违法行为的处罚权限在公安部门，因此交通部门不得依据《危险化学品安全管理条例》第六十六条的规定对危险化学品运输企业实施行政处罚。道路运输管理机构在实施监督检查过程中，发现危险货物运输企业在运输过程中未配备押运人员的，应当移交公安部门处理。

86. 危险货物运输车辆经处理后运输普通货物时是否需要悬挂危险货物标志灯和标志牌?

来　信　我是一名运输执法人员,在执法过程中,经常遇到这样的问题:从事危险品货物的运输车辆,在从事危险货物运输后对该车进行清洗、消毒过后运输普通货物时,对需不需要悬挂危险品运输标志灯和标志牌存在不同意见。一种意见是,该车是危险货物运输车辆,必须悬挂危险品运输标志灯与标志牌;另一种意见是,该车此次运输的是普通货物,不需要悬挂危险品运输标志灯与标志牌。对此,我们拿不准,恳请给予答复。

答　根据《危险化学品安全管理条例》、《中华人民共和国道路运输条例》及《道路危险货物运输管理规定》的规定,国家对使用危险货物运输车辆运输普通货物是有条件的、限制的,这主要是危险货物具有剧毒、腐蚀、放射性等特性,容易引发损害人民生命和财产安全的事故。对此,《道路危险货物运输管理规定》第二十九条明确规定:"不得使用罐式专用车辆或者运输有毒、腐蚀、放射性危险货物的专用车辆运输普通货物。其他专用车辆可以从事食品、生活用品、药品、医疗器具以外的普通货物运输活动,但应当对专用车辆进行消除危险处理,确保不对普通货物造成污染、损害。危险货物不得与普通货物混装。"

由此看出,对于使用危险货物运输车辆运输普通货物并不鼓励,有严格的要求和限制。一是不得使用罐式专用车辆或者运输有毒、腐蚀、放射性危险货物的专用车辆运输普通货物;二是其他专用车辆只能从事食品、生活用品、药品、医疗器具以外的普通货物运输活动,并且要求对专用车辆进行消除危险处理,确保不对普通货物造成污染、损害;三是危险货物不得与普通货物混装。

对于经过消除危险处理,确保不对普通货物造成污染、损害的情况下,使用其他专用车辆从事食品、生活用品、药品、医疗器具以外的普通货物运输活动,由于不具有危害性,因此不需要悬挂危险货物标志灯和标志牌。

需要说明的是,为加强对危险货物运输的监管,对于使用其他专用车辆从事食品、药品、生活用品、医疗器具以外的普通货物运输活动,需要由运输者提供已经对专用车辆进行消除危险处理的证明,确保安全。

87. 危险品运输车辆未悬挂明显的危险货物运输标志的该怎么处理？

来 信 我学习了《道路危险货物运输管理规定》、《危险化学品安全管理条例》、《中华人民共和国道路运输条例》对危险货物运输车辆要求悬挂危险品运输标志的规定，但以上三个法规、规章对此都未设定明确的处罚规定。对此，请问该怎么处理？

答 根据《危险化学品安全管理条例》、《中华人民共和国道路运输条例》及《道路危险货物运输管理规定》的规定，危险货物运输必须悬挂危险货物运输标志，其中《道路危险货物运输管理规定》第三十条规定："专用车辆应当按照国家标准《道路运输危险货物车辆标志》(GB 13392)的要求悬挂标志。"为落实此规定，《道路危险货物运输管理规定》设定了行政处罚措施，第五十三条规定，道路危险货物运输企业运输、装卸危险化学品不符合国家有关法律、法规、规章的规定和国家标准，并未按照危险化学品的特性采取必要安全防护措施的，处 2 万元以上 10 万元以下的罚款；构成犯罪的，依法追究刑事责任。

因此，对于危险货物运输车辆在运输危险货物过程中未悬挂运输标志的，道路运输管理机构应当依据《道路危险货物运输管理规定》第五十三条第(三)项的规定实施行政处罚。

88. 液氯、三氯化磷和黄磷应当按哪一类危险化学品管理?

来　信　我们是基层从事危险品运输管理的工作人员，我们在工作中遇到了一些难题，请示了有关部门，但意见不一致，也没有给予明确答复，因此我们在行政管理过程中，很难把握分寸，希望予以明确。(1)液氯：在《危险货物品名表》(GB 12268—90)是属于第二类第三项压缩气体和液化气体中的有毒气体，编号 23002；(2)三氯化磷：在《危险货物品名表》(GB 12268—90)是属于第八类腐蚀品，编号 81041；(3)黄磷：在《危险货物品名表》(GB 12268—90)是属于第四类易燃固体，编号 42001。

根据《道路危险货物运输管理规定》第三条规定："危险货物以列入国家标准《危险货物品名表》(GB 12268—90)的为准，未列入《危险货物品名表》的，以有关法律、行政法规的规定或者国务院有关部门公布的结果为准。"第四条规定："化学危险货物的分类、分项、品名和品名编号应当按照国家标准《危险货物分类和品名编号》(GB 6944)、《危险货物品名表》(GB 12268—90)执行。"而 2003 年有关部委联合下发的 2002 年版的《剧毒化学品目录》，均将以上三种危险化学品列入剧毒物品，按剧毒品进行管理。对此，在日常管理中，我们应当将以上三种危险化学品按哪一类危险品进行管理?

答　根据《危险货物品名表》(GB 12268—90)和安全监管总局、公安部、环保总局、卫生部、质检总局、铁道部、交通部、民航总局联合颁布的《剧毒化学品目录》的规定，液氯、三氯化磷、黄磷既属于《危险货物品名表》规定的危险货物，又属于《剧毒化学品目录》规定的剧毒化学品。由于剧毒化学品具有非常大的危害作用，因此对属于剧毒化学品的危险货物应当从严管理，首先要按剧毒化学品管理，同时要按照它的其他危险货物的特性进行管理。因此，对这三类危险化学品，要严格执行《危险化学品安全管理条例》第三十九条的规定，即通过公路运输剧毒化学品的，托运人应当向目的地的县级人民政府公安部门申请办理剧毒化学品公路运输通行证。办理剧毒化学品公路运输通行证，托运人应当向公安部门提交有关危险化学品的品名、数量、运输始发地和目的地、运输线路、运输单位、驾驶人员、押运人员、经营单位和购买单位资质情况的材料。同时，还应根据液氯属《危险货物品名表》第二类第三项压缩气体和液化气体中的有毒气体、三氯化磷属第八类腐蚀品、黄磷属于第四类易燃固体的特性，按照有关法律、法规、规章及《汽车运输危险货物规则》、《汽车运输、装卸危险货物作业规程》进行运输和作业，确保运输安全。

89. 运输瓶装液化气是否需要办理道路危险货物运输许可？

来　信　我注册了一家公司，从事瓶装液化气供应。几天前，当地道路运输管理机构以违反《中华人民共和国道路运输条例》和《道路危险货物运输管理规定》为由，暂扣了运输液化气瓶的车辆，下达了行政处罚通知书。对此，我们认为运送液化气钢瓶不属于《道路危险货物运输管理规定》的调整范围，道路运输管理机构暂扣车辆和实施行政处罚的行为不合适，不知对否？

答　危险货物具有易燃、易爆、剧毒、放射性、腐蚀等特性，危害性大，因此国家对危险货物运输实施严格管理。根据《危险化学品安全管理条例》、《中华人民共和国道路运输条例》以及《道路危险货物运输管理规定》的规定，不管经营性的道路危险货物运输，还是非经营性的道路危险货物运输都必须取得行政许可。《中华人民共和国道路运输条例》第八十条规定，从事非经营性危险货物运输的，应当遵守本条例有关规定。《道路危险货物运输管理规定》第二条规定，从事道路危险货物运输经营和使用自备车辆从事为本单位服务的非经营性道路危险货物运输的，应当遵守本规定；第十一条规定，申请从事非经营性道路危险货物运输的单位，向所在地设区的市级道路运输管理机构提出申请时，除提交第十条第（五）至第（八）项规定的材料外，还应当提交以下材料：（一）《道路危险货物运输申请表》；（二）下列形式之一的单位基本情况证明：1. 省级以上安全生产监督管理部门颁发的《危险化学品登记证》；2. 能证明科研、军工、通用民航等企事业单位性质或者业务范围的有关材料；（三）特殊运输需求的说明材料；（四）经办人的身份证明及其复印件，所在单位的工作证明或者委托书。

由于使用汽车从事瓶装液化气供应运输属于道路危险货物运输，因此不管是属经营性道路危险货物运输，还是属非经营性道路危险货物运输，都应当向道路运输管理机构提出申请，并取得道路运输许可。从事经营性运输的，应当取得道路危险货物运输经营许可证；从事非经营性运输的，应当取得道路危险货物运输许可证。未取得道路危险货物运输许可，擅自从事道路危险货物运输的，道路运输管理机构应当依照《危险化学品安全管理条例》、《中华人民共和国道路运输条例》以及《道路危险货物运输管理规定》实施相应的行政处罚。

90. 危险货物运输押运人员是否可以驾驶危险货物运输车辆?

来　信　我是一名基层运输执法人员,在检查中遇到过以下情况:一辆危险品运输车辆在实载过程中有驾驶员 A 和押运员 B,经检查发现 A 无危险货物运输驾驶员从业资格证,却有危险货物运输押运员从业资格证,而 B 的情况恰恰相反。在处理此类案件时,执法人员内部有了两种意见:一是为了保证危险货物运输安全,应严格按照《危险化学品安全管理条例》、《中华人民共和国道路运输条例》、《道路危险货物运输管理规定》的相关规定进行处罚,并责令改正;二是考虑到驾驶过程中 B 因驾驶疲劳与 A 对换工种等可能因素,本着人文精神,在合情合理又不违法的前提下,应重点对其教育,不予处罚。对此,以上两种观点哪种更为合适,请给予答复。

答　由于危险货物危害性大,因此《危险化学品安全管理条例》和《中华人民共和国道路运输条例》以及《道路危险货物运输管理规定》规定,危险货物运输车辆驾驶员和押运人员必须取得从业资格证后方可上岗作业。这是为了保障运输安全所采取的重要管理措施。

对于危险货物运输车辆驾驶员和押运人员分别取得从业资格证后能否互换工作岗位的问题,答案是肯定不允许的。主要理由有:一是驾驶工作和押运工作的性质绝然不同,技能和要求也完全不同;二是驾驶员和押运人员所取得的从业资格证是特定于某一具体岗位,并不具备通用性,不允许互换;三是驾驶员和押运人员互换岗位后,技能达不到规定要求;四是驾驶员和押运人员互换岗位后,难以达到安全管理的要求,存在严重的安全隐患。

基于以上原因,对于在道路危险货物运输过程中发现有驾驶员和押运人员互换工作岗位,由押运人员驾驶危险货物运输车辆的,应当按照《危险化学品安全管理条例》、《中华人民共和国道路运输条例》及《道路危险货物运输管理规定》的有关条款,按照押运人员未取得驾驶危险货物运输车辆从业资格或者驾驶人员未取得危险货物运输押运从业资格的行为实施相应的行政处罚。对于在实施行政处罚的过程中,是否存在可以减轻或免予处罚的情形,应当按照《中华人民共和国行政处罚法》的有关规定执行。

91. 危险化学品生产企业的危险品装卸人员是否要经交通部门的资质认定？

来 信 我是基层运管所一名执法人员，请问危险化学品生产企业的危险品装卸人员是否要经交通部门的资质认定？

答 国务院颁布的《危险化学品安全管理条例》对生产、经营、储存、运输、使用危险化学品和处置废弃危险化学品作了明确规定，其中第四章对危险化学品运输作了规定。该条例第三十五条规定，国家对危险化学品的运输实行资质认定制度；未经资质认定，不得运输危险化学品。危险化学品运输企业必须具备的条件由国务院交通部门规定。条例第三十七条规定，危险化学品运输企业，应当对其驾驶员、船员、装卸管理人员、押运人员进行有关安全知识培训；驾驶员、船员、装卸管理人员、押运人员必须掌握危险化学品运输的安全知识，并经所在地设区的市级人民政府交通部门考核合格（船员经海事管理机构考核合格），取得上岗资格证，方可上岗作业。危险化学品的装卸作业必须在装卸管理人员的现场指挥下进行。运输危险化学品的驾驶员、船员、装卸人员和押运人员必须了解所运载的危险化学品的性质、危害特性、包装容器的使用特性和发生意外时的应急措施。

从《危险化学品安全管理条例》以上规定可以看出，交通部门负责危险化学品运输的管理，而危险化学品生产、储存、使用等环节的管理由其他部门负责。其中交通部门对装卸管理人员的管理，也仅是对危险化学品运输企业装卸管理人员的资格管理，要求装卸管理人员掌握危险化学品运输的安全知识，并经所在地设区的市级人民政府交通部门考核合格，取得上岗资格证，方可上岗作业。而对于危险化学品生产企业的危险化学品装卸人员，《危险化学品安全管理条例》并未赋予交通部门管理职责，因此也无须经过交通部门的资质认定。

第四章　机动车维修与驾驶员培训

92. 免费更换机动车零部件是否属维修作业?

来　信　《机动车维修管理规定》颁布实施,对规范机动车维修起到了较大作用,但目前仍有较多的汽车配件经销商为了促销,不收工时费免费为机动车更换零部件。请问,此行为能否认定为机动车维修作业?

答　根据我国的法律规定,从事机动车维修经营的,应当遵守《中华人民共和国道路运输条例》和《机动车维修管理规定》(交通部2005年第7号令)。对于机动车维修经营的概念,《机动车维修管理规定》界定为:是指以维持或者恢复机动车技术状况和正常功能,延长机动车使用寿命为作业任务所进行的维护、修理以及维修救援等相关经营活动。所以,对于来信中反映的汽车配件经销商免工时费更换机动车零部件的行为,如果属于《机动车维修管理规定》规定的机动车维修经营范围的,不管其是否收费,为确保机动车运行安全,应当依法取得机动车维修经营的许可证件,否则属于违法行为,应当依法进行查处;如果不属于《机动车维修管理规定》规定的机动车维修经营范围的,而属于提供一般性的应急服务,道路运输管理机构不得干涉,更不得实施行政处罚。

另外,还可以依据《汽车维护、检测、诊断技术规范》(GB 18344—2001)来进行判断,如果汽车配件经销商的行为属于以清洁、补给和安全检视为作业中心内容的日常维护,属于由驾驶员负责执行的车辆维护作业,可以不对其实施行政处罚;如果经销商的行为属于一级维护、二级维护的行为,应属于机动车维修企业负责执行的车辆维护作业,就应当认为属于机动车维修作业,按未取得机动车维修行政许可实施行政处罚。

93. 车辆二级维护记录是否作为路上检查项目?

来 信 《中华人民共和国道路运输条例》的出台标志着道路运输行政执法工作向法制化、规范化迈出了一大步。作为运输管理人员,如何理解、领会和准确应用《中华人民共和国道路运输条例》是要面对和解决的首要问题。《中华人民共和国道路运输条例》第七十一条规定,违反本条例的规定,客运经营者、货运经营者不按规定维护和检测运输车辆的,由县级以上道路运输管理机构责令改正,处1000元以上5000元以下的罚款。按照交通行政执法实际,车辆二级维护制度的落实应当在第一时间、第一地点检查道路运输经营者是否进行了车辆二级维护,避免在年审时才被发现,因此应当体现关口前移的精神。所以对该条例第七十一条,是否可以理解为车辆二级维护记录已作为行政执法中的检查内容,不知这样理解是否正确?

答 《中华人民共和国道路运输条例》第三十一条规定,客运经营者、货运经营者应当加强对车辆的维护和检测,确保车辆符合国家规定的技术标准;不得使用报废的、擅自改装的和其他不符合国家规定的车辆从事道路运输经营;第七十一条规定,违反本条例的规定,客运经营者、货运经营者不按规定维护和检测运输车辆的,由县级以上道路运输管理机构责令改正,处1000元以上5000元以下的罚款。

但《中华人民共和国道路运输条例》对以上规定的监管地点并没有明确规定,因此各级道路运输管理机构应当执行交通部的现行规定。根据《关于启用新版道路运输经营许可证和道路运输证的通知》(交公路发[2001]439号)中附件三《〈道路运输证〉的修改说明及管理和使用规定》的规定,"车辆二级维护记录"不作为检查的内容,《道路货物运输及站场管理规定》第十八条第三款已明确规定车辆二级维护执行情况不得作为检查项目。需要说明的是,尽管车辆二级维护记录不作为路检路查项目,但为保证车辆运输安全,道路运输管理机构应继续加强和执行车辆强制二级维护制度,将车辆二级维护有效凭证作为车辆年度审验的内容。所以,各级道路运输管理机构在《中华人民共和国道路运输条例》实施后,仍不可把车辆二级维护作为检查项目。

94. 能不能检查车辆二级维护备案卡?

来　信　目前,全国各地对运输车辆二级维护的理解不一致。最近,我区不少运输车辆在云南、四川、重庆等地因二级维护备案盖章的问题多次被罚款。我市一名驾驶员驾驶东风大货车经过重庆某县时,被该县运管所执法人员拦车检查,说车辆的二级维护备案卡过期,没有按时盖章,要罚款1000元才放行。不能理解的是,《中华人民共和国道路运输条例》颁布实施后,一些县还把车辆二级维护备案卡作为检查项目。请问这种行为对吗?

答　根据《中华人民共和国道路运输条例》和交通部制定的配套规章以及有关文件,没有制定"运输车辆二级维护备案卡",也没有规定驾驶员和运输车辆必须随车携带"运输车辆二级维护备案卡"。同时,《关于启用新版道路运输经营许可证和道路运输证的通知》(交公路发[2001]439号)和《道路货物运输及站场管理规定》第十八条第三款已明确规定车辆二级维护执行情况不得作为检查项目。所以,各级道路运输管理机构不得在路上检查车辆二级维护记录,更不得检查所谓的"运输车辆二级维护备案卡"。

95. 要求运输车辆定点二级维护的做法对吗?

来　信　为进一步落实运输车辆强制二级维护制度,规范车辆维修企业经营行为,保证运输车辆技术状况良好,确保道路运输安全,一些地方实行运输车辆定点二级维护制度。在《中华人民共和国道路运输条例》颁布实施后,一些地方还继续这样做。对此,我认为一些地方的道路运输管理机构要求运输车辆定点二级维护的做法,违反了法律规定:一是限制了一些一类、二类机动车维修企业从事运输车辆二级维护经营业务的权利;二是运输车辆定点二级维护是行政干预,搞市场垄断。《中华人民共和国道路运输条例》规定,道路运输管理,应当公平、公正、公开和便民。车辆维修是市场行为,是运输经营者与车辆维修者的供求关系,道路运输管理机构应当依法把好准入关,而机动车维修经营者应当依照许可的经营范围依法经营,诚实信用,公平竞争。车主对车辆维修有选择权,道路运输管理机构不得强制干预;三是道路运输管理机构强制定点维护,一旦维护后发生事故,道路运输管理机构会处于被动。不知我对以上的理解对吗?

答　《中华人民共和国道路运输条例》第三十一条规定,客运经营者、货运经营者应当加强对车辆的维护和检测,确保车辆符合国家规定的技术标准;不得使用报废的、擅自改装的和其他不符合国家规定的车辆从事道路运输经营。《道路运输车辆维护管理规定》(交通部2001年第4号令)规定,运输车辆实行强制维护制度。但是,《中华人民共和国道路运输条例》和《道路运输车辆维护管理规定》都未规定运输车辆实行定点二级维护制度。由于定点二级维护制度违反公平竞争的精神,剥夺了道路运输经营者自主选择权,以及为道路运输管理机构寻租创造了条件,因此是不允许实行运输车辆定点二级维护制度。所以,一些地方实行运输车辆定点二级维护的做法是错误的。

96. 挂车要不要进行二级维护?

来　信　在挂车和半挂车的维护问题上,存在两种观点。一种观点认为,挂车或半挂车与主车(牵引车)组成一个有机的整体,因此应当将挂车和半挂车作为机动车进行二级维护;另一种观点认为,挂车和半挂车不具备机动车的要件(如发动机),且其维护相对而言比主车简单,所以不必按照机动车二级维护的标准进行维护。请问挂车和半挂车应该进行二级维护吗?如要维护,应遵循什么标准?

答　对于道路货物运输车辆的维护问题,《中华人民共和国道路运输条例》和《道路货物运输及站场管理规定》作了明确规定,《中华人民共和国道路运输条例》第三十一条规定:"客运经营者、货运经营者应当加强对车辆的维护和检测,确保车辆符合国家规定的技术标准;不得使用报废的、擅自改装的和其他不符合国家规定的车辆从事道路运输经营。"《道路货物运输及站场管理规定》第十八条规定:"道路货物运输经营者应当建立车辆技术管理制度,按照国家规定的技术规范对货运车辆进行定期维护,确保货运车辆技术状况良好。货运车辆的维护作业项目和程序应当按照国家标准《汽车维护、检测、诊断技术规范》(GB 18344—2001)等有关技术标准的规定执行。"国家之所以要求货运车辆进行定期维护,目的是为了保证货运车辆的技术状况良好,确保运输安全。

按照国家的相关法律、法规和规章的规定,虽然挂车没有动力系统,但由于主车和挂车都是道路货运车辆的组成部分,因此主车和挂车必须同时保持技术状况良好,必须按照《中华人民共和国道路运输条例》及《道路货物运输及站场管理规定》的规定进行定期维护。

根据《道路运输车辆维护管理规定》的规定,道路运输车辆的维护分为日常维护、一级维护、二级维护,其中日常维护由驾驶员每日出车前、行车中和收车后负责执行,一级维护、二级维护由机动车维修企业负责执行。由于主车和挂车存在很大不同,因此对挂车的日常维护、一级维护、二级维护内容应当与主车有很大不同,主要检查和维护挂车的相关技术性能。

对于货运车辆的维护作业项目和程序，应当按照国家标准《汽车维护、检测、诊断技术规范》（GB 18344—2001）等有关技术标准的规定执行。

需要说明的是，由于挂车的维护内容相对主车而言较为简单，因此必须科学确定维护作业项目，合理收费，防止借维护之名行收费之实，更应防止强制收费。

97. 如何向有关部门和机动车维修经营者解释机动车维修经营许可证件是《道路运输经营许可证》?

来 信 前不久有位新开业的机动车维修经营者持新办的《道路运输经营许可证》来我们运管所说,他持此证到县工商局办理营业执照,工商局工作人员说他所持的是《道路运输经营许可证》,而从事机动车维修应该持《机动车维修经营许可证》。该经营者要求我们给办《机动车维修经营许可证》。我们向他解释:道路运输业务包括道路旅客运输、道路货物运输及道路运输相关业务,而道路运输相关业务包括运输站场经营、机动车维修、机动车驾驶员培训,对所有道路运输业务予以经营许可都是出具《道路运输经营许可证》,区别就在于《道路运输经营许可证》中"经营范围"的填写,如属机动车维修经营的,则在"经营范围"中填写机动车维修等。而且我们还为该经营者向县工商局出具了证明。但是,我们还是觉得有些欠缺,我们查阅了《中华人民共和国道路运输条例》和《机动车维修管理规定》,其中只规定了道路运输管理机构按照法定程序实施机动车维修经营的行政许可,并未提到出具什么名称的经营许可证。所以,请问该如何向有关部门和车辆维修经营户解释证件的名称问题?

答 按照《中华人民共和国道路运输条例》的规定,申请从事机动车维修经营的,应当符合法定条件,经县级道路运输管理机构批准同意并发放机动车维修许可证件。但《中华人民共和国道路运输条例》并未规定机动车维修许可证件的名称和式样。按照相关法律的规定,交通部可以依照《中华人民共和国道路运输条例》的规定,规定机动车维修许可证件的名称和式样。

为贯彻落实《中华人民共和国道路运输条例》的规定,交通部于2005年印发了《关于启用新版道路运输证件的通知》(交公路发[2005]524号),对道路客运、道路货运、机动车维修等的许可证件统一规定为《道路运输经营许可证》。这主要是考虑到,一是道路客运、道路货运、道路运输站场、机动车维修、机动车驾驶员培训等业务,都由《中华人民共和国道路运输条例》统一调整和规范,属于道路运输及相关业务;二是减少证件种类。为区别不同的业务,在《道路运输经营许可证》“经营范围”的填写作了不同的规定,对于申请机动车维修经营的,则填写一类机动车维修、二类机动车维修、三类机动车维修、其他机动车维修、一类摩托车维修和二类摩托车维修。

因此,道路运输管理机构在实施机动车维修许可过程中,可以按照以上理由向有关部门和机动车维修经营者进行解释说明。

98. 超越许可权限的机动车驾驶员培训许可是否有效?

来　信　近期以来,我市某县一家机动车驾驶员培训机构来我县招收学员,并在我县行政区域内从事机动车驾驶员培训工作,我们在查阅该培训机构的经营许可证时,发现该证的经营范围填写的是全市范围的机动车驾驶员培训。《机动车驾驶员培训管理规定》第五十条规定,机动车驾驶员培训机构在许可机关管辖区域外违法从事培训活动的,违法行为发生地的道路运输管理机构应当依法对其予以处罚。请问,该机动车驾驶员培训机构的行为应按什么规定予以处罚?

答　根据《中华人民共和国道路运输条例》及《机动车驾驶员培训管理规定》的规定,申请从事机动车驾驶员培训的,必须符合法定条件,由县级道路运输管理机构许可。按照法律规定,县级道路运输管理机构在履行法定职责时,必须符合以下规定:一是县级道路运输管理机构必须在管辖区范围内实施许可,不得超越管辖范围许可,如许可到别的市或县;二是严格按照法定条件许可,条件不符合的,不得批准同意申请人从事机动车驾驶员培训;三是严格按照法定程序许可。不符合上述规定的,道路运输管理机构实施的机动车驾驶员培训许可无效。

对于来信中反映的问题,某市一县的道路运输管理机构批准申请人可以在全市开展机动车驾驶员培训,在许可证经营范围上填写面向全市的机动车驾驶员培训的行为,超出管辖地,属于越权行为,其实施的许可无效,应当依法撤销。机动车驾驶员培训地的道路运输管理机构在监督检查过程中,发现这一情况的,应当告知机动车驾驶员培训机构其获得的许可无效,同时应当向上级道路运输管理机构报告,并与实施许可的道路运输管理机构进行沟通。机动车驾驶员培训机构得知情况后,继续违法从事培训活动的,属于未经许可擅自从事机动车驾驶员培训业务的行为,违法行为发生地的道路运输管理机构应当依据《机动车驾驶员培训管理规定》第五十条、第五十二条的规定,责令停止经营;有违法所得的,没收违法所得,并处违法所得 2 倍以上 10 倍以下的罚款;没有违法所得或者违法所得不足 1 万元的,处 2 万元以上 5 万元以下的罚款;构成犯罪的,依法追究刑事责任。同时,将违法事实、处罚结果抄送原许可机关。

99. 市级道路运输管理机构能否直接许可机动车驾驶员培训学校？

来　信　《中华人民共和国道路运输条例》颁布后，对机动车驾驶员培训的行政许可进行了规范，将机动车驾驶员培训许可权给予了县级道路运输管理机构。我们遇到一种情况，就是未经县级道路运输管理机构同意，市级道路运输管理机构是否能直接许可机动车驾驶员培训机构，向县增加机动车驾驶员培训学校？

答　《中华人民共和国道路运输条例》第四十条规定："申请从事道路运输站（场）经营、机动车维修经营和机动车驾驶员培训业务的，应当向所在地县级道路运输管理机构提出申请，并分别附送符合本条例第三十七条、第三十八条、第三十九条规定条件的相关材料。县级道路运输管理机构应当自受理申请之日起15日内审查完毕，作出许可或者不予许可的决定，并书面通知申请人。"根据这一规定，已经明确机动车驾驶员培训的许可权为县级道路运输管理机构，因此，市级道路运输管理机构不得直接许可机动车驾驶员培训学校，否则属越权行为。

需要说明的是，如果辖区内无县级道路运输管理机构的，应由上一级也就是市级道路运输管理机构许可机动车驾驶员培训。同时，如果县级道路运输管理机构不按法律规定许可机动车驾驶员培训的，根据《中华人民共和国行政许可法》和《中华人民共和国道路运输条例》第五十六条"上级道路运输管理机构应当对下级道路运输管理机构的执法活动进行监督"的规定，市级道路运输管理机构可依法撤销其行政许可。

100. 未经许可能否在异地租用场地开展机动车驾驶员培训?

来　信　我是一名基层运管所的工作人员,最近辖区里异地驾驶员培训学校招生点越来越多,有的异地驾驶员培训学校还在我们辖区里租用未经审核的场地进行培训。请问,我们在取得证据后是否能按照《中华人民共和国道路运输条例》第六十六条规定,按未经许可擅自从事机动车驾驶员培训实施行政处罚?

答　根据《中华人民共和国道路运输条例》第三十九条的规定:"申请从事机动车驾驶员培训的,应当有健全的培训机构和管理制度,有与培训业务相适应的教学人员、管理人员,有必要的教学车辆和其他教学设施、设备。"对于这些条件,经道路运输管理机构审核,并符合规定的,予以许可。申请人在取得机动车驾驶员培训许可,并按规定办理相关手续后可从事经营活动。但是,机动车驾驶员培训学校取得经营许可后,必要在规定的场地开展机动车驾驶员培训活动,不得在未经道路运输管理机构审核的场地进行机动车驾驶员培训活动。

交通部颁布的《机动车驾驶员培训管理规定》依据《中华人民共和国道路运输条例》的规定,对机动车驾驶员培训的经营管理进行了具体规定,其第三十三条规定:"机动车驾驶员培训机构应当在注册地开展培训业务,不得采取异地培训、恶意压价、欺骗学员等不正当手段开展经营活动,不得允许社会车辆以其名义开展机动车驾驶员培训经营活动。"对于来信所反映的问题,由于其培训经营行为已经超越了注册地范围,因此应当按照《机动车驾驶员培训管理规定》第五十二条规定对当事人实施行政处罚。对于机动车驾驶员培训学校在异地招生的行为,可以认为是一种市场竞争的行为,只要不违反法律、法规、规章的规定,应当不予处罚。

第五章　车 辆 管 理

101. 当事人未经批准擅自购置运输车辆能否实施行政处罚?

来 信 我们在办理日常业务中,一些道路运输业户没有书面向道路运输管理机构申请,就擅自购回客车、普通货车、货运三轮摩托车等,之后再到道路运输管理机构申请办理《道路运输经营许可证》和车辆的《道路运输证》。对此有两种理解:一是认为对此行为应该按照《道路运输行政处罚规定》(交通部2001年第5号令)第八条第(八)项处罚后,再为当事人办理《道路运输经营许可证》和车辆的《道路运输证》;二是认为对此行为应该按照《中华人民共和国道路运输条例》第六十四条的规定处罚后,再为当事人办理《道路运输经营许可证》和车辆的《道路运输证》。请问,购置运输车辆是否还需要道路运输管理机构的审批?如果需要审批,应按哪一个规定对其进行处罚?如果不需要审批,今后道路运输管理机构怎样调控道路运输市场?

答 《中华人民共和国道路运输条例》对从事运输的车辆没有设定先审批后购置制度,因此根据《中华人民共和国行政许可法》行政许可设定的精神,在《中华人民共和国道路运输条例》施行后,原来执行的这项制度应当取消,道路运输管理机构不能再执行。所以,对未申请擅自购置车辆的行为,道路运输管理机构不可以再按照《道路运输行政处罚规定》第八条第(八)项的规定,每车处购车价3%以上5%以下的罚款。

先审批后购置车辆的政策,是在计划经济体制向市场经济体制转轨时期制定的,具有较强的计划经济色彩。这主要是当时车辆短缺,需要调控。而现在,这个问题已经彻底解决,可选择性比较强。根据市场经济的理念和道路运输管理的要求,按照《中华人民共和国道路运输条例》的规定,道路运输管理机构主要是把好车辆的准入关,即车辆是否符合和满足从事道路运输的需要,比如说车辆的技术状况是否达到要求,而不是申请人可否购买车辆、买什么样的车辆。对于购买车辆、买什么样的车辆,是公民的权利,不管他从事道路运输还是不从事道路运输,公民都有权利购买。

但需要说明的是,从事道路运输经营的,不是当事人买什么样的车,道路运输管理机构就应为其办理《道路运输经营许可证》和《道路运输证》，而是要看当事人的申请条件是否符合《中华人民共和国道路运输条例》规定的条件，如果不符合条件，即使当事人买了车，也不能准予其行政许可。对于因购车造成的损失，也应由当事人自己承担。而且，对于道路客运来说，道路运输管理机构还要考虑市场供求状况，如市场运力过剩，即使符合条件，也不能准予许可。因此，对申请人来说，尽管不实行车辆先审批后购置制度，但为降低投资风险，应当在了解行情、熟悉政策的情况下，谨慎地购车，防止买了车而不能从事道路运输经营活动。

需要强调的是，尽管《道路运输行政处罚规定》尚未废止，但其中的部分条款如第八条第（八）项已与上位法《中华人民共和国道路运输条例》相抵触，因此相抵触的条款不得执行。这需要道路运输管理机构工作人员加强对《中华人民共和国道路运输条例》以及相关配套规章的学习和掌握。

102. 报停车辆继续参加运输经营活动该怎么办?

来　信　道路运输执法人员在县城一个临时候车点查扣了一辆无任何营运证件的外地客车,经初步核查,该车为正式客运班车,已经在当地的道路运输管理机构报停,但该车却在报停期间仍继续从事道路运输经营活动。在对其按无《道路运输证》进行处罚时,该车却在当地道路运输管理机构补交了交通规费,起封后拿来了全部证件。请问,对这种报停后继续从事道路运输经营活动,并在被查后又通过当地道路运输管理机构拿来道路运输证件的行为该如何处理?

答　根据《中华人民共和国道路运输条例》以及交通部的有关规定,运输车辆报停后不得从事经营活动,如擅自从事经营活动,道路运输管理机构应当依据《中华人民共和国道路运输条例》和交通部的有关规定实施行政处罚。

对于来信中反映的问题,属于客运车辆报停后擅自从事道路旅客运输经营活动的行为,应当依据《道路旅客运输及客运站管理规定》,按无《道路运输证》对经营者实施行政处罚。对于道路运输经营者在被查有违法行为后,再补交有关交通规费,起封全部道路运输证件的行为,并不能认为其违法行为不存在,仍然可以对其实施相应的行政处罚。但是,道路运输管理机构在对其实施行政处罚时,应当取得足够的证据证明其有违法行为,尤其应当与车籍地的道路运输管理机构取得沟通与协调,取得相应的证明,否则,不得以无《道路运输证》对其实施行政处罚,只能以未随车携带《道路运输证》对其实施行政处罚。

需要强调的是,如果违法行为当事人所在地的道路运输管理机构有帮助作伪证的行为,应当责令改正,并由交通主管部门或上级道路运输管理机构追究有关责任人的责任。

103. 客车报停有没有期限规定?

来　信　我是一名基层运输业务管理人员，在实际工作中，经常遇到道路运输经营户申请报停，经查阅相关的政策法规，对车辆报停的条件、时限等没有明确的规定。最近，我们受理了一个客运企业申请6辆班线客运车辆报停的申请，其报停理由是城市公共汽车延伸到该条线路后导致经营亏损。据查，这6辆车已经在2005年报停了一年，现该公司又申请继续报停。对此，我们是否准许其长期报停?

答　根据《中华人民共和国道路运输条例》和《道路旅客运输及客运站管理规定》(交通部2005年第10号令)第三十一条的规定，客运班线经营者在经营期限内暂停、终止班线经营的，应当提前30日向原许可机关申请。其第二十九条第三款规定，客运经营者和客运站经营者在取得全部运营许可证件后无正当理由超过180天不投入运营或者运营后连续180天以上停运的，视为自动终止经营。从这点上看，虽然没有具体规定允许客运车辆报停的期限，只规定必须向原许可机关提出报停申请，经批准后方可报停，以及客运经营者取得经营许可证件应当从事经营活动的时限要求。但这并不意味着客运经营者想报停多长时间就能报停多长时间，这是因为《中华人民共和国道路运输条例》第十四条规定"客运班线的经营期限为4年到8年"，如果报停时间过长，可能超出经营期限。同时，道路客运所提供是公共客运和普遍服务，要确保人民群众的出行，如果客运经营者长期报停，既不能满足人民群众出行的需要，又可能限制了其他经营者申请从事这些客运班线的经营。所以，客运车辆报停时间原则上应不少于1个月，不超过6个月。如果报停时间超过三个月以上的，道路运输管理机构应当慎重研究，如果客运班车班次不能满足人民群众出行的需要，应当不予报停;如果客运经营者要求长期报停的，道路运输管理机构可以建议其退出该条客运班线的经营，补充其他客运经营者，不允许其长期占有线路客运经营权而不从事客运经营活动，影响人民群众出行。

104. 由谁认定车辆是否属于“运输车辆”?

来　信　我是一名基层运管所办证服务大厅的工作人员,最近在受理道路运输行政许可时,遇到一个问题:公安部门在为车辆核发《机动车行驶证》时,在车辆使用性质一栏中注明了“营运”或“非营运”字样,为车辆是否营运作出了定性规定。请问,我们在作出行政许可决定时,是否可对《机动车行驶证》中标有“非营运”字样的车辆以属“非营运”车辆为由作出不予许可的决定?

答　《中华人民共和国道路运输条例》第七条规定,县级以上道路运输管理机构负责具体实施道路运输管理工作。同时第十条、第二十五条的规定,道路运输管理机构负责受理从事道路旅客、货物运输经营的申请,并按照法定程序实施行政许可。所以,对于车辆是否属于“运输车辆”,应当由道路运输管理机构来认定。同时,根据《中华人民共和国道路运输条例》的规定,从事道路运输的车辆,应当由道路运输管理机构向其配发《道路运输证》。

由于车辆没有投入使用前,不存在是否“营运”的问题,只有投入使用后才有是否为“营运”的问题,所以,有关部门在当事人没有取得道路运输经营许可前,在《机动车行驶证》“车辆使用性质”栏注明“营运”或“非营运”,其性质属于车主当时的意愿,并不是进行道路运输经营许可。同时,这种认定也不能作为是否从事道路运输经营活动的依据。经调查取证,虽经有关部门认定为“非营运”的车辆,但有擅自从事道路运输经营活动的,道路运输管理机构仍可依据《中华人民共和国道路运输条例》第六十四条的规定,对当事人实施行政处罚。如果申请人提供的《机动车行驶证》登记为“非营运”,但申请从事道路运输经营活动的,道路运输管理机构应当告知申请人变更车辆注册登记后才能受理,而不可受理车辆注册登记为“非营运”的申请。

105. 这样的改牌车应该怎么管？

来　信　国家为减轻农民负担，免收农用三轮车、拖拉机运管费，一些地方的运输经营者为偷逃交通规费将正规的东风牌货车挂上变型拖拉机牌照。请问，对于这种行为该怎么处理？

答　对于来信中反映的"将正规的东风牌货车挂上变型拖拉机牌照"的行为，违反了《中华人民共和国道路交通安全法》的规定，因此应当禁止，并依照《中华人民共和国道路交通安全法》及其他法律规定，对当事人进行查处和纠正。对违反规定给当事人发放变型拖拉机牌照的工作人员，应当依法追究其行政责任，触犯刑律的，依法追究其刑事责任。

道路运输管理机构发现来信中反映的情况，应当告知相关部门查处，对于申请道路运输经营活动的，应当按照《中华人民共和国道路运输条例》的规定，严格把关，不得准许其从事道路运输经营活动。如擅自从事道路运输经营活动，应当按照《中华人民共和国道路运输条例》第六十四条的规定实施行政处罚。

106.《中华人民共和国道路运输条例》第七十一条中的“擅自改装运输车辆”怎样界定？

来　信　《中华人民共和国道路运输条例》规定，运输经营者不得擅自改装已取得车辆营运证的车辆。请问如何理解“擅自改装运输车辆”的含义。另外，我们在执法过程中，如果擅自改装的车辆被交警部门已经处罚，道路运输管理机构还能不能依据《中华人民共和国道路运输条例》的规定再对道路运输经营者进行第二次处罚？

答　根据《关于进一步加强道路运输车辆改装管理工作的通知》（交公路发［2006］158 号）的规定，非法改装道路运输车辆，是指未经有关部门批准，擅自改变已获得《道路运输证》车辆结构、构造或者特征的车辆。具体包括以下几种情况：一是擅自改变车辆类型或用途。指擅自将客车改为货车、货车改为客车、普通货车改为专用货车、专用货车改为普通货车、卧铺客车改为座位客车、座位客车改为卧铺客车；二是擅自改变车辆颜色。指擅自将驾驶室和车身改为与原车辆不同的外观颜色；三是擅自改变车辆主要总成部件。指擅自更换与原车型不一致的发动机、变速器、前桥、后桥或者车架；擅自更换车辆车身或者罐体；擅自改变车辆悬架形式；四是擅自改变车辆外廓尺寸或者承载限值。指擅自加高、加宽、加长、拆除货厢拦板或者增加车辆外廓尺寸；擅自增加或者减少轮胎数量；擅自增加或者减少车轴数量；擅自增加客车座位或者卧铺铺位。

对于因擅自改装车辆，在同一运输过程中，被其他部门实施行政处罚的，根据《中华人民共和国行政处罚法》第二十四条“对当事人的同一个违法行为，不得给予两次以上罚款的行政处罚”的规定，道路运输管理机构不得重复处罚，但应责令道路运输经营者改正；对于非同一运输过程中的“擅自改装车辆”的行为，道路运输管理机构应当依据《中华人民共和国道路运输条例》的规定实施相应的行政处罚。

107. 货车临时加高货厢栏板是否属擅自改装车辆的行为?

来　信　我是一名基层运输执法人员,经常检查到临时加高货厢栏板的情况。此种改装行为,存在破坏车辆本身的结构和性能,给车辆行驶带来安全隐患。我们查阅了交通部《关于进一步加强道路运输车辆改装管理工作的通知》,但该通知并未说明固定和临时的区别,只是规定了擅自加高、加宽、加长、拆除货厢栏板或是增加车辆外廓尺寸的行为。我认为临时与长期性质是一样的,不知是否可以按照有关规定对运输经营者实施处罚?

答　交通部印发的《关于进一步加强道路运输车辆改装管理工作的通知》(交公路发[2006]158)明确规定,非法改装道路运输车辆是指未经有关部门批准,擅自改变已获得的《道路运输证》车辆结构、构造或者特征的车辆,主要包括擅自改变车辆类型或用途、擅自改变车辆颜色、擅自改变车辆主要总成部件和擅自改变车辆外廓尺寸或者承载限值。对于货车临时加高货厢栏板的行为,由于擅自改变了车辆外廓尺寸,破坏了车辆本身结构和性能,给车辆行驶带来安全隐患,也可能产生超载超限行为,因此属于擅自改装车辆的行为。道路运输管理机构在监督检查过程中发现这类情况,应当责令道路运输经营者改正,并根据《中华人民共和国道路运输条例》和《道路货物运输及站场管理规定》的有关规定予以处罚。

108. 车厢内装有一油罐是否属于擅自改装运输车辆的行为？

来　信　我是一名运输执法人员，在执行检查任务时，查获一辆普通营运货车，该车车厢内装有一油罐，运输植物油。同事认为，普通货车装油罐是擅自改装运输车辆的行为。而我认为，罐是包装容器，因此不属于擅自改装车辆的行为，而且也不应处罚。请问，对此种情况该如何处理？

答　根据《中华人民共和国道路运输条例》及《关于进一步加强道路运输车辆改装管理工作的通知》（交公路发［2006］158 号）的规定，擅自改装道路运输车辆是指未经有关部门批准，擅自改变已获得《道路运输证》车辆结构、构造或者特征的车辆，包括擅自改变车辆类型或用途、擅自改变车辆颜色、擅自改变车辆主要总成部件、擅自改变车辆外廓尺寸或者承载限值。

从来信的情况看，所描述的情况不是很清楚，如果是焊接在车厢内，并用于运输液体货物的行为，因改变了原车的结构、构造或者特征，因此应认定为擅自改装车辆的违法行为；如果仅将油罐放在车厢内，未改变原车的结构、构造或者特征，则不能认定为擅自改装车辆的行为。但是，对于后者的情况，如果将油罐放在车厢内并影响行驶安全，道路运输管理机构在监督检查的过程中发现此类行为，应责令纠正；如果油罐所运输的液体属危险货物，则应按照《危险化学品安全管理条例》和《中华人民共和国道路运输条例》的规定依法进行查处。

109. 非经营性道路危险货物运输车辆指的是什么车辆?

来　信　交通部自2005年12月1日启用了新版《道路运输经营许可证》和《道路运输证》,文件中规定,凡是在我国境内从事道路运输经营活动和非经营性道路危险货物运输的机动车辆,均须持有《道路运输证》。请问"非经营性道路危险货物运输的机动车辆"究竟指的是什么车辆?

答　根据《危险化学品安全管理条例》和《中华人民共和国道路运输条例》及《道路危险货物运输管理规定》(交通部令2005年第9号)的规定,道路危险货物运输分为经营性运输和非经营性运输,其中非经营性道路危险货物运输是指使用自备车辆从事为本单位服务的道路危险货物运输。

根据《道路危险货物运输管理规定》第十一条的规定,申请从事非经营性道路危险货物运输的,除要具备第十条第(五)至第(八)项规定的材料外,还应有省级以上安全生产监督管理部门颁发的《危险化学品登记证》或能证明科研、军工、通用民航等企事业单位性质或者业务范围的有关材料。符合条件的,向非经营性道路危险货物运输申请人颁发《道路危险货物运输许可证》,对从事非经营性道路危险货物运输的车辆配发《道路运输证》,并在其中加盖"非经营性危险货物运输专用章"。

来信中询问的"非经营性道路危险货物运输机动车辆",就是指使用自备车辆从事为本单位服务的道路危险货物运输的车辆,也就是指取得《道路危险货物运输许可证》(非经营性),其所属车辆的《道路运输证》上加盖"非经营性危险货物运输专用章"的车辆。

110.《中华人民共和国道路运输条例》第六十三条中的"其他有效证明"是指什么?

来 信 我是基层的运输管理人员,《中华人民共和国道路运输条例》第六十三条规定:"道路运输管理机构的工作人员在实施道路运输监管检查过程中,对没有车辆营运证又无法当场提供其他有效证明的车辆予以暂扣的,应当妥善保管,不得收取或者变相收取保管费用。"此条中的"无法当场提供其他有效证明"指的是什么?道路运输管理费缴讫证是否能够作为有效证明使用?

答 根据《中华人民共和国道路运输条例》的规定,从事道路客、货运输的车辆必须依法取得车辆营运证。另根据交通部《道路旅客运输及客运站管理规定》、《道路货物运输及站场管理规定》和《关于启用新版道路运输证件的通知》(交公路发[2005]524 号)的规定,车辆营运证实际上是指《道路运输证》。《道路运输证》是车辆从事道路客、货运输的合法证件,一车一证,随车携带。因此,按照《中华人民共和国道路运输条例》第六十三条的规定,没有车辆营运证(实际就是指《道路运输证》)从事道路运输的车辆,可以依法暂扣。但是,这一条又作出特别规定,即如果当事人能够提供其他有效证明的,不得暂扣。也就是说,暂扣车辆的构成要件包括两方面:一是没有《道路运输证》,二是无其他有效证明。这两个条件缺一不可。

按照《中华人民共和国道路运输条例》的立法精神,这里所指的"其他有效证明"是指能够证明车辆已经取得《道路运输证》的文件、材料、凭证等。这些证明材料必须是有关政府部门出具的,如公安部门出具的《道路运输证》被偷盗的证明,道路运输管理机构出具的《道路运输证》丢失的证明,道路运输管理机构出具的车辆年审时滞留《道路运输证》的证明,道路运输经营者因违法行为被暂扣《道路运输证》后所持的《道路运输证》副证(或称"待理证"),等。

对于来信中所问的道路运输管理费缴讫证能否作为车辆已经取得《道路运输证》的有效证明,我们认为,道路运输管理费缴讫证虽与《道路运输证》有一定因果关系,道路运输管理机构只有对取得《道路运输证》的车辆才能收取运管费,但运管费缴讫证并不能作为车辆已经取得《道路运输证》的有效证明。这是因为,虽然之前交通部印发的《关于启用〈中华人民共和国道路运输证〉的通知》(交政法发[1992]357 号)把“车辆购置附加费缴费凭证”、“公路运输营运证”、“公路运输管理费缴讫证”组成《道路运输证》,缺一不可,但随着车辆购置附加费改为车辆购置税后,交通部先后下发的《关于启用新版道路运输经营许可证和道路运输证的通知》(交公路发[2001]439 号)和《关于启用新版道路运输证件的通知》(交公路发[2005]524 号)保留了“公路运输营运证”的部分内容和运管费缴讫证,但是这依然不能足够证明已缴纳运管费的车辆就一定取得了《道路运输证》。如果运管费缴讫证能作为取得《道路运输证》的证明材料,很容易被人误认为缴纳运管费的车辆就是合法的车辆,这对加强对运输车辆的管理并不利。

111.《道路运输证》给了别人能否要求再办?

来　信　我们在道路运输业务办理中,有一个道路运输经营业户把挂车卖给了外地,并已销户,同时把主车的《道路运输证》随同给了买主。现原车主要求办理主车《道路运输证》,我们在研究对该车是否给予办理时,出现了四种意见:一是让该车主找到买主,取回主车《道路运输证》;二是若确实找不到买主,同意按丢证办理;三是不同意单独给主车办理,因为主车不能单独投入运输市场参加营运;四是等该车主买了挂车以后,同主车一起办理。请问哪种意见较合适?

答　根据《中华人民共和国道路运输条例》以及交通部有关文件的规定,《道路运输证》是车辆从事道路运输经营活动的合法证件,一车一证,不得转让。因此,对于来信中反映的运输经营者将主车的《道路运输证》随同挂车送给买主的行为是不合适的,违反了《中华人民共和国道路运输条例》第三十四条以及交通部《道路货物运输及站场管理规定》等的规定,应当按照《中华人民共和国道路运输条例》第六十七条的规定实施相应的行政处罚。

对于来信中反映的道路运输经营者要求申请再办理《道路运输证》的行为,道路运输管理机构应当作如下处理:(一)按照《中华人民共和国道路运输条例》第六十七条的规定,对非法转让、出租的道路运输许可证件,应当依法收缴《道路运输证》;(二)不能按丢证处理。将《道路运输证》转让给他人,与丢证的性质不同,因此不能予以补证;(三)在对经营者实施行政处罚后,对于给不给车主办证,要按照《中华人民共和国道路运输条例》及《道路货物运输及站场管理规定》所规定的条件严格把关,条件合格的,可考虑发给《道路运输证》,条件不合格的,应当不予发给《道路运输证》;(四)对主车与挂车发证问题,应当按照《关于启用新版道路运输证件的通知》(交公路发[2005]524号)规定执行,主车和挂车应当单独办理《道路运输证》,但主车(牵引车)与挂车号牌一致时,可在主车的《道路运输证》的备注栏中注明,挂车不另发证。

112.《中华人民共和国道路运输条例》中所指的"车辆运营证"与《道路运输证》是同一证件吗?

来　信　对车辆运输证件的名称,《中华人民共和国道路运输条例》的规定为"车辆营运证",而《道路旅客运输及客运站管理规定》和《道路货物运输及站场管理规定》则规定为"《道路运输证》",这很容易引起纠纷。请问,这两种证件是同一证件吗?

答　根据《中华人民共和国道路运输条例》第十条、第二十五条的规定,申请从事客、货运经营予以许可的,向申请人颁发道路运输经营许可证,并向申请人投入运输的车辆配发车辆营运证。这里所称"车辆营运证"是泛指,不是特定的证件名称。为贯彻《中华人民共和国道路运输条例》,交通部分别制定了《道路旅客运输及客运站管理规定》、《道路货物运输及站场管理规定》,并对车辆营运证的名称具体规定为《道路运输证》。由于《中华人民共和国道路运输条例》没有具体规定车辆营运证的名称,所以按照法律上的规定,交通部可以依据《中华人民共和国道路运输条例》并根据实际管理的需要,通过部门规章具体规定"车辆营运证"的名称,这与《中华人民共和国道路运输条例》的规定并不相抵触,也不会引起纠纷。

113. 同时使用原《道路运输证》和补办的《道路运输证》，哪个《道路运输证》属于无效证件？

来　信　我是一名运输管理工作人员，根据《道路运输管理工作规范》的规定，《道路运输证》补办程序包括提出申请、补办登记、签发代理、声明作废、领发主证和补办终止。而实际上，很多道路运输管理机构为方便车主，只按补办登记和领发主证两步办理，这给个别车主随意补办《道路运输证》提供了极大的方便，有的车主的车辆《道路运输证》被暂扣后，由于不方便取回，就谎称遗失，来补办《道路运输证》；有的《道路运输证》被暂扣因罚款太高而不去接受处理，于是也谎称《道路运输证》遗失来补办；还有的两辆车用一套《道路运输证》来逃避各种税费，在遇到检查时也谎称《道路运输证》遗失正补办。请问，如果查出车主同时使用原《道路运输证》和补办的《道路运输证》，哪个为无效《道路运输证》，是否应当予以没收？

答　根据《道路运输管理工作规范》和《关于启用新版道路运输证件的通知》以及其他规定的精神，道路运输经营者的《道路运输证》遗失、毁坏或者被盗的，可以依据规定的程序申请补证。道路运输管理机构在补证过程中，要对旧证声明作废。

因此，道路运输管理机构在实施监督检查的过程中，发现道路运输经营者有两本或者两本以上《道路运输证》的，应当分以下几种情况处理：

一、属于遗失或者被盗补证的，但后来道路运输经营者找回的旧证，应当将原来声明作废的《道路运输证》视为无效证件。同时，道路运输管理机构应当教育道路运输经营者在找回旧证后，不可再使用，并应当及时销毁或者缴回至原发证机关。

二、对于谎称《道路运输证》遗失而补办新证的，原来声明作废的旧证应当视无效证件；由于新证也属于非依法取得的，因此也应当视为无效证件，应当予以收缴无效证件。对于这种情况，道路运输管理机构对其实施行政处罚，并以教育。

三、对于因被暂扣《道路运输证》不愿接受行政处罚而补办新证的，原来声明作废的旧证应当视为无效证件；由于新证也属于非依法取得的，因此也应当视为无效证件。对于这种情况，道路运输管理机构可以按照无《道路运输证》，依照《道路旅客运输及客运站管理规定》或《道路货物运输及站场管理规定》对其实施行政处罚，同时也应当责令其履行原来实施的行政处罚，并予以教育。

道路运输管理机构在补办新证过程中，应当按照法定程序办理，不得简化程序，而且要加强对《道路运输证》的管理，防止被非法运输经营者钻管理漏洞。

114.《道路运输证》丢失的是否为无证经营?

来　信　我是一名基层的运输执法人员,最近我们在执法检查时,发现一辆外籍货车无《道路运输证》进行营运。经车主本人陈述,《道路运输证》在车辆买来后就已按规定办理了,但近期由于本人保管不善,将《道路运输证》丢失,现正在补办中。车主也出示了原《道路运输证》丢失后登报声明的手续。针对这一情况,我们有两种不同意见:一种意见认为,根据《中华人民共和国道路运输条例》第六十四条的规定,对该车应以无证非法经营进行行政处罚;另一种意见认为,该车已取得道路运输经营许可,不属于非法经营,不能以无证非法经营进行行政处罚。对于该车这种情况,我们该如何认定,又该怎样处理?

答　根据《关于启用新版道路运输证件的通知》和《道路运输管理工作规范》的规定,《道路运输证》丢失后,可以进行补办。在补办新的《道路运输证》时,原旧证应当登报声明作废。

道路运输管理机构在实施监督检查中,发现道路运输经营者的《道路运输证》丢失,而且有证据能够证明道路运输经营者正在补办新证的,不可以将其视为无证经营,不可按《中华人民共和国道路运输条例》第六十四条实施行政处罚;而是应当对道路运输经营者进行教育,要求其尽快办理《道路运输证》。同时由于道路运输经营者已经取得道路运输经营资格,但没有按规定随车携带《道路运输证》,因此可以按照《中华人民共和国道路运输条例》第六十九条的规定,由县级以上道路运输管理机构责令改正,处警告或者20元以上200元以下的罚款。

115. 对于同时持一真一假《道路运输证》的行为该如何处罚?

来 信 我是广东省肇庆市的一位执法人员,在集中"治超"以来,我们查获多辆持有绿色通行证却超限超载运输的车辆,为逃避在真的《道路运输证》上被记录违法行为而出示假的《道路运输证》。部分车主在我们耐心教育下,认识错误,主动交出真的《道路运输证》。由于我们没有工具现场检测《道路运输证》的真伪,多数只能暂扣《道路运输证》后待查。目前,已有数辆货车的《道路运输证》经查实后确认是伪造的,但当事人仍未来处理,我们处于被动状态。为此,在实际操作过程中,对于使用伪造的《道路运输证》和对持有一真一假《道路运输证》的货车,该如何处理?能否暂扣车辆?

答 《中华人民共和国道路运输条例》第三十四条规定,道路运输车辆应当随车携带车辆营运证,不得转让、出租。另根据《关于启用新版道路运输证件的通知》的规定,《道路运输证》一车一证。所以,一辆运输车辆有多个《道路运输证》的,肯定有一个《道路运输证》属于无效《道路运输证》。

道路运输管理机构在实施监督检查的过程中,发现道路运输经营者一辆车辆同时携带一真一假《道路运输证》或者多个《道路运输证》的,应当分别情况予以处理:

一、道路运输经营者同时出示真、假两证的,对假证应当依法收缴,同时对道路运输经营者批评教育,责令改正。

二、道路运输经营者先出示假证,在道路运输管理机构执法人员发现后出示真证的,道路运输管理机构应当对假证依法收缴,对道路运输经营者批评教育,并责令改正。同时可依据《中华人民共和国道路运输条例》第六十九条的规定,视为客运经营者、货运经营者不按照规定携带《道路运输证》,由县级以上道路运输管理机构责令改正,处警告或者 20 元以上 200 元以下的罚款。

三、经查证,属于道路运输经营者私自制造假证的,道路运输管理机构应当对假证依法收缴,对道路运输经营者批评教育,并责令改正。在此基础上,道路运输管理机构应当将其移交司法机关处理。

116. 没有《道路运输证》的车辆该怎么处罚？

来　信　道路运输经营者已经办理了《道路运输经营许可证》，一些车辆配发《道路运输证》，而另一些车辆没办理《道路运输证》就从事道路运输。请问，对这些没有办理《道路运输证》的车辆却从事道路运输经营活动的行为应作如何处罚？

答　根据《中华人民共和国道路运输条例》第十条、第二十五条的规定，申请从事道路客、货运经营的，道路运输管理机构予以许可的，向申请颁发道路运输经营许可证，并向申请人投入运输的车辆配发《道路运输证》。这说明已经取得《道路运输证》的客、货车辆分别符合《中华人民共和国道路运输条例》第八条、第二十二条规定的条件，也就是说与其经营业务相适应并经检测合格。

对于已经取得《道路运输经营许可证》的道路运输经营者，在一些新增车辆或者其他渠道所得车辆未向道路运输管理机构配发《道路运输证》的情况下，擅自从事道路运输的，违反了《中华人民共和国道路运输条例》的规定，这些车辆可能不符合《中华人民共和国道路运输条例》第八条、第二十二条规定的条件，存在安全隐患，无法保障旅客或货主的生命财产安全，属于无《道路运输证》从事客、货运输经营的违法行为。但这类违法行为与未取得道路运输经营许可擅自从事道路运输经营活动的行为有着区别。未取得《道路运输经营许可证》的违法行为，应当依据《中华人民共和国道路运输条例》第六十四条的规定，由县级以上道路运输管理机构责令停止经营；有违法所得的，没收违法所得，处违法所得 2 倍以上 10 倍以下的罚款；没有违法所得或者违法所得不足 2 万元的，处 3 万元以上 10 万元以下的罚款；构成犯罪的，依法追究刑事责任；而对已取得《道路运输经营许可证》但未取得《道路运输证》的违法行为，则应当分别依据《道路旅客运输及客运站管理规定》或《道路货物运输及站场管理规定》，由县级以上道路运输管理机构责令改正，处 3 000 元以上 10 000元以下的罚款。但对上述两种违法行为，均可依据《中华人民共和国道路运输条例》第六十三条的规定，依法暂扣车辆。

117.《道路运输证》复印件是否算有效证件？

来　信　在日常道路运输检查活动中，我们会经常查到有些驾驶员持《道路运输证》复印件，应付道路运输执法人员的检查，而驾驶员持复印件的理由是为了防止《道路运输证》遗失或被盗，因而将《道路运输证》原件放在家中。为此，我们道路运输执法人员对持《道路运输证》复印件应付检查的行为有两种意见：一种意见是，应按照《中华人民共和国道路运输条例》第六十九条的规定，认定客、货运经营者不按照规定携带车辆营运证的，由县级以上道路运输管理机构责令改正，处警告或者20元以上200元以下的罚款；另一种意见是，只要驾驶员将《道路运输证》原件拿来，与被查时的复印件核查无异，就应视为携带了《道路运输证》，免予处罚。请问，以上两种意见哪一种处理比较合适？

答　根据《中华人民共和国道路运输条例》第三十四条的规定，道路运输车辆应当随车携带车辆营运证，不得转让、出租。

由于《道路运输证》复印件不属于合法的有效证件，因此，对于道路运输经营者携带《道路运输证》复印件的，应当视为未按规定携带《道路运输证》的行为，道路运输管理机构应当依据《中华人民共和国道路运输条例》第六十九条的规定，责令其改正，处警告或者20元以上200元以下的罚款。

118. 各省自行制定的《道路运输证》待理证是否有效？

来　信　我是一名道路运输管理人员，我有一个问题希望得到解释：据了解，一些省份使用了自己制定的道路运输管理待理证，不知是否具有法律效力？

答　根据交通部的规定，对于当事人有违法行为的，为不影响正常的运输任务，可暂扣车辆的《道路运输证》，签发待理证继续运营。由于道路运输是一个流动的行业，因此交通部对《道路运输证》（含待理证）的式样进行了统一规定，因此，各省不宜自行再制定《道路运输证》及待理证式样。由于各省擅自改变《道路运输证》或待理证式样的，应当予以纠正。对于来信中反映的一些省份改变待理证式样的问题，由于属于道路运输管理机构的责任，因此，不宜以《道路运输证》待理证式样不符合规定为由再对道路运输经营者实施行政处罚。

119.《道路运输证待理证》超过有效期后该如何处理?

来　信　根据《道路旅客运输及客运站场管理规定》第八十二条规定,客运经营者违反规定拒不接受处罚的,县级以上道路运输管理机构可以暂扣《道路运输证》,签发待理证,等接受处罚后交还。对此有一个假设,如果旅客运输经营者的车辆《道路运输证》被暂扣,签发待理证后,超过有效期,违法当事人仍不接受处理的,道路运输管理机构还可以采取何种措施?是否可以再次以该道路运输经营者未随车携带《道路运输证》为由对其进行处罚,是否可以中止该车辆运行?

答　根据《中华人民共和国道路运输条例》及《关于启用新版道路运输证件的通知》(交公路发[2005]524号)的规定,《道路运输证》是车辆从事道路运输经营活动的合法证件。道路运输经营者的车辆《道路运输证》被暂扣后,道路运输管理机构应当签发《道路运输证件暂扣凭证》,同时签发《道路运输证待理证》,允许车辆继续运营,并要求道路运输经营者在规定的时间内到指定地点接受处理。对于道路客运经营者在《道路运输证》被暂扣后,不按规定到指定地点接受行政处罚,并且《道路运输证待理证》过期的,应当将其视为不按规定携带《道路运输证》,由县级以上道路运输管理机构责令其改正,收缴其已过期的《道路运输证待理证》,同时按照《道路旅客运输及客运站管理规定》第八十八条第二款的规定,处警告或者20元以上200元以下的罚款。如果道路客运经营者在被收缴《道路运输证待理证》后仍不接受处罚,并继续营运的,应当将其视为使用无《道路运输证》的车辆参加客运经营,由县级以上道路运输管理机构依照《道路旅客运输及客运站管理规定》第八十八条第一款的规定责令道路运输经营者改正,处3 000元以上1万元以下罚款,并可暂扣车辆。道路运输经营者被收缴《道路运输证待理证》并接受处罚后,应当依照有关规定向车籍地的道路运输管理机构申请补办《道路运输证》,并缴纳工本费;车籍所在地的道路运输管理机构对于这类补证申请,应当严格进行审查,并将道路运输经营者不按规定接受处罚的不良行为记录在其车辆的档案中,以便对其进行质量信誉考核。

120. 农用拖拉机还需要办《道路运输证》吗?

来　信　我市农用拖拉机到外地经常被处罚,理由是未办理《道路运输证》。根据有关文件规定,我们已免收这类车辆的运管费。请问,农用拖拉机还需要办理《道路运输证》吗?

答　回答这一问题要分清4个概念:一是用不用办证,二是能不能办证,三是想不想办证,四是该不该处罚。

一、用不用办证的问题。《中华人民共和国道路运输条例》中明确规定,从事道路运输经营,必须取得道路运输经营许可。因此不管何种车辆只要从事道路运输经营活动,都必须取得道路运输经营许可证件和《道路运输证》。为减轻农民负担,国家对农用拖拉机从事运输活动减免了运输管理费,但这并不意味着减免交通规费后就可以无条件地从事道路运输经营活动,也不意味着不收交通规费就不需要实施行政许可。

二、能不能办证的问题。《中华人民共和国道路运输条例》第二十二条明确规定了申请从事道路货物运输经营必须具备的车辆条件、人员条件和经营管理条件。只有符合这些条件的,才能批准同意,并颁发道路运输经营许可证件。至于拖拉机能否取得《道路运输证》,还应当根据经营许可条件和车辆检测结果加以判断,如果检测结果达不到车辆技术等级,即使提出申请也不能取得《道路运输证》。

三、想不想办证的问题。这主要取决于当事人的态度和意愿。即使各种条件都满足,而当事人自己认为不需要办理许可或者认为从事的不是经营性运输,从而未向道路运输管理机构提出申请。

四、该不该处罚的问题。实施行政处罚与实施行政许可不同,实施行政处罚是根据违法的客观事实和法规规定作出,而不以当事人主观认识或意愿而改变。只要通过确凿证据可以认定当事人未经许可从事经营性道路运输的客观事实,不管当事人想不想办证、使用的车辆能不能办证,都要依法实施行政处罚。

121. 持公安部门出具的《道路运输证》被盗证明能否说明车辆已经取得《道路运输证》?

来 信 《中华人民共和国道路运输条例》第六十三条规定:“道路运输管理机构的工作人员在实施道路运输监督检查过程中,对没有车辆营运证又无法当场提供其他有效证明的车辆予以暂扣的,应当妥善保管,不得使用,不得收取或者变相收取保管费用”。我们在实际工作中,有个别车辆持公安部门出具的《道路运输证》被偷盗的证明,从事道路货物运输经营长达50多天。请问,该证明书是否有效,有效期应当是多少?

答 《中华人民共和国道路运输条例》第六十三条规定:“道路运输管理机构的工作人员在实施道路运输监督检查过程中,对没有车辆营运证又无法当场提供其他有效证明的车辆予以暂扣的,应当妥善保管,不得使用,不得收取或者变相收取保管费用。”这条是对车辆实施暂扣行政强制措施的重要依据,因此有无《道路运输证》和能否提供其他有效证明十分重要。这条中规定的“其他有效证明”,既应包括道路运输管理机构出具的证明文件,也应包括其他部门出具的能够证明车辆已经取得《道路运输证》的证明文件,如公安部门出具的《道路运输证》被盗证明。

道路运输管理机构在实施监督检查过程中,发现个别道路运输经营者持有公安部门出具的《道路运输证》被盗证明时间过久的,首先应当认可公安部门出具的《道路运输证》被盗证明,认为当事人有取得《道路运输证》的其他证明;其次应当要求当事人尽快向车籍地的道路运输管理机构告知《道路运输证》被盗情况,并予以登报,宣布证件作废。同时,应要求当事人按照补证程序规定,向车籍地的道路运输管理机构申请补证;最后,发函或通过电话等方式告知车籍地的道路运输管理机构,沟通当事人《道路运输证》被盗信息。如当事人不在规定的期限按规定办理相关手续,补办《道路运输证》的,道路运输管理机构可认定当事人持有的《道路运输证》被盗证明无效,可按照有关规定实施相应的行政处罚。

122.《道路运输证》补办申请表上该如何使用印章?

来　信　我们在日常的业务办理中,遇到这样一种情况,不知如何办理才好。部分运输车辆过户,道路运输经营者需办理异动手续,须填写异动通知单;还有部分道路运输经营者的《道路运输证》遗失需补办,补办时须填写一张遗失补办申请表。这一单一表均需用印,一部分同志认为应盖单位行政公章,一部分同志认为应盖行政许可专用章,请予以答复。

答　根据《关于启用新版道路运输证件的通知》(交公路发[2005]524号)的规定,车辆转籍、过户,原经营者应当到原发证道路运政管理机构办理异动手续,交回《道路运输证》及其他有关营运票据、标志。新经营者到转入地道路运输管理机构按发证程序,重新办理《道路运输证》。另根据《道路道路运政管理工作规范》(交公路发[1997]516号)的规定,道路运输经营者遗失或毁坏《道路运输证》的,由经营者向道路运输管理机构提出申请,领取并填写好《道路运输业证照补办申请表》,说明遗失或毁坏的时间、地点、经过及证明人。但是,《中华人民共和国道路运输条例》及相关规章并没有对异动通知单和《道路运输业证照补办申请表》用印作出具体、明确的规定。因此,各地道路运输管理机构在办理这些业务时,可根据实际需要进行用印,既可用行政公章,也可用行政许可专用章。

123. 道路运输管理机构能否在车辆未办理登记手续的情况下为其办理《道路运输证》?

来　信　我们运管所的执法人员在检查中发现,10 多辆重型普通货车已购置从事运输达一年多之久,但至今未到公安交通部门办理入户登记手续,而该车辆却持有某市运管处核发的临时《道路运输证》,有效期为 3 个月。请问,对此情况该如何处理?

答　按照《中华人民共和国道路交通安全法》的规定,车主购置车辆后应当及时办理登记手续。根据《中华人民共和国道路运输条例》的规定,从事道路运输经营活动的车辆必须与其经营业务相适应并经检测合格,其中前提之一是车辆已经按照《中华人民共和国道路交通安全法》的规定办理了登记手续,并取得了《中华人民共和国机动车行驶证》。道路运输管理机构在为运输车辆配发《道路运输证》时,也应当按照车辆的《机动车行驶证》填写相应内容。

在实际工作中,道路运输管理机构在车辆未办理登记手续的情况下,向车主配发《道路运输证》的行为是严重错误的。道路运输管理机构在监督检查过程中发现此类违法行为,应当及时告知车籍地的道路运输管理机构改正,并抄车籍地的上级道路运输管理机构监督车籍地的道路运输管理机构改正,并追究有关责任人的责任。如不在同一市、省的,还可告更高层次的道路运输管理机构或部门,以便纠正和查处。

同时,由于在车辆未到公安部门办理入户登记手续的情况下,向车辆配发了《道路运输证》,因此其程序违反规定,当事人车辆的《道路运输证》属于无效证件,应当予以收缴。由于此违法行为是由于道路运输管理机构未按严格程序规定配发《道路运输证》,因此应承担主要责任。发现地的道路运输管理机构发现此类违法行为的,应当收缴违法配发的《道路运输证》,责令当事人立即停止经营活动,没收违法所得,同时对当事人进行批评教育,并责令其回原籍办理车辆入户登记手续,如拟从事道路运输经营活动的,应当按照《中华人民共和国道路运输条例》的规定进行申请,经批准的,方可营运。

124. 运输车辆未年审还能处罚吗?

来　信　《中华人民共和国道路运输条例》颁布实施后,有些问题不是很明确,如车辆还能不能年审,没有年审的还能不能实施行政处罚?

答　根据《中华人民共和国行政许可法》第六十二条的规定,行政机关可以对被许可人生产经营的产品依法进行抽样检查、检验、检测,对其生产经营场所依法进行实地检查。检查时,行政机关可以依法查阅或者要求被许可人报送有关材料;被许可人应当如实提供有关情况和材料。行政机关根据法律、行政法规的规定,对直接关系公共安全、人身健康、生命财产安全的重要设备、设施进行定期检验。对检验合格的,行政机关应当发给相应的证明文件。

由于运输车辆直接关系旅客的生命财产安全,因此《中华人民共和国道路运输条例》实施后仍将进行定期检验。对此,《道路旅客运输及客运站管理规定》和《道路货物运输及站场管理规定》均作出明确规定,县级以上道路运输管理机构应当定期对客运车辆、货运车辆进行审验,每年审验一次。对于运输经营者不按规定定期审验的,属于不按规定检测运输车辆的行为,道路运输管理机构应当按照《中华人民共和国道路运输条例》第七十一条第一款的规定,责令运输经营者改正,处1 000元以上5 000元以下的罚款。

125. 没有驾驶证驾驶运输车辆的该怎么处理?

来　信　《中华人民共和国道路运输条例》施行后,对于驾驶客货运输车辆的人员在执法当场不能提供有效机动车驾驶证的,如未取得驾驶证的、驾驶证被吊销的、驾驶证假冒的、驾驶证被扣又无凭证的、驾驶证未携带的等,请问对于这些情况,县级以上道路运输管理机构能否按照《中华人民共和国道路运输条例》第六十五条的规定处200元以上2000元以下的罚款?

答　《中华人民共和国道路运输条例》第九条、第二十三条分别规定,从事客、货运车辆的驾驶人员应当取得相应的机动车驾驶证。也就是说,驾驶运输车辆的人是必须取得相应的机动车驾驶证,这是驾驶员从事道路运输经营活动的重要条件。这也要求道路运输经营者聘用有相应驾驶证的驾驶员,不得聘用无驾驶证的人员驾驶运输车辆。

道路运输管理机构在监督检查过程中,发现无驾驶证或使用无效驾驶证驾驶运输车辆从事经营活动的,由于该驾驶人员在未取得驾驶证的情况下肯定不能取得从业资格证,因此可以依据《中华人民共和国道路运输条例》第六十五条的规定,责令其改正,处200元以上2 000元以下的罚款;构成犯罪的,依法追究刑事责任。

对于驾驶人员的驾驶证被暂扣或者未随车携带,只要能够相应证明的,道路运输管理机构不可依据《中华人民共和国道路运输条例》第六十五条的规定对当事人实施处罚。

126. 对暂扣的车辆不能收费该怎么办?

来　信　我是一名基层的运输管理人员,在学习《中华人民共和国道路运输条例》时,对其中第六十三条的规定有所不理解。《中华人民共和国道路运输条例》第六十三条中规定,对没有车辆营运证又无法当场提供其他有效证明的车辆予以暂扣的,应当妥善保管,不得使用,不得收取或变相收取保管费用。但在基层的实际工作中,在偏远和落后的一些地方,连正规的办公楼都没有,更谈不上自己拥有停车场地,只能将暂扣的车辆租用他人的场地停放,请人帮助看管,收取一定的保管费。请问,我们以后暂扣的车辆还能这样做吗?

答　《中华人民共和国道路运输条例》第六十三条的规定:道路运输管理机构的工作人员在实施道路运输监督检查过程中,对没有车辆营运证又无法当场提供其他有效证明的车辆予以暂扣的,应当妥善保管,不得使用,不得收取或者变相收取保管费用。之所以这样规定,主要是为了防止道路运输管理机构借暂扣之名,行收费之实,切实保护当事人的合法权益。

对于一些偏远落后地区,道路运输管理机构在暂扣车辆后,无场所停放暂扣车辆的,应当想办法解决,不可以违反《中华人民共和国道路运输条例》的规定。比如,道路运输管理机构可以转变工作方式,不搞集中式的检查或打击“黑车”,而应当是日常性、长期性地查处,避免暂扣车辆过多而无法停放。

第六章　执 法 监 督

127. 违法行为当事人拒绝登记和接受处理该怎么办?

来　信　我是一名基层的运输执法人员,在认真学习贯彻《中华人民共和国道路运输条例》的同时,在具体执法活动中还常遇到这样的问题,《中华人民共和国道路运输条例》第六十三条规定"对无车辆营运证又无法当场提供其他有效证明的车辆可以暂扣",但是有些驾驶员持有《道路运输证》,却又存在其他违法行为,可驾驶员拒绝登记和接受处理,将车门锁住离车而去,长时间找不到驾驶员。请问,遇到这种情况,我们是否可以将车辆暂扣;如不能,对车辆应当如何处理?

答　道路运输管理机构在履行监督检查职责时,应当严格执行《中华人民共和国行政处罚法》和《交通行政处罚程序规定》(交通部令1996年第7号)的规定。对于来信中反映的,违法行为当事人锁住车门后离开现场,拒绝登记和接受处理的行为,道路运输管理机构可以采取以下措施予以处理:(1)符合暂扣车辆的,按照《中华人民共和国道路运输条例》及有关规章的规定,对违法车辆进行暂扣;(2)不符合暂扣车辆规定,而符合证据登记保存的,可进行证据登记保存;(3)为执行《中华人民共和国行政处罚法》和《中华人民共和国道路运输条例》等有关法律、行政法规的规定,打击违法行为,违法行为当事人锁住车门后离开现场,拒绝登记和接受处理的行为,可派人看守违法车辆,直至违法行为当事人接受处理;(4)如停放的违法车辆影响道路交通安全的,道路运输管理机构还可以告知公安车辆管理机关,将违法车辆拖离违法地点,确保交通安全。

更为重要的是,对违法行为当事人锁住车门后离开现场,拒绝登记和接受处理的行为,道路运输管理机构在执法中应当认真收集证据,包括书证、物证、视听材料、证人证言、当事人陈述、鉴定结论、勘验笔录和现场笔录。经查实,违法事实清楚,证据确凿充分的,尽管违法行为当事人拒绝登记和接受处理,道路运输管理机构仍可以依照法定程序,作出交通行政处罚决定。

如违法行为当事人属外地的,实施行政处罚的道路运输管理机构应当将违法行为当事人拒绝登记和接受处理的行为,以及对其实施行政处罚的情况告知车籍地的道路运输管理机构,以便加强监管。

128．交警、稽征等部门取得的非法营运的证据，道路运输管理机构能否作为实施行政处罚的依据?

来　信　目前，道路客运市场不同程度地存在非法运输的现象，但道路运输管理机构在打击非法运输时，又存在着取证难的问题，这影响了打击非法客运的效果。请问，如交警、稽征等部门对非法客运经营已收取了相关证据，道路运输管理机构能否作为实施行政处罚的依据?

答　《中华人民共和国行政处罚法》规定，实施行政处罚必须以事实为依据，与违法行为的事实、性质、情节以及社会危害程度相当。因此，实施行政处罚必须重证据，必须查明事实，必须以证据说话，违法事实不清的，不得给予行政处罚。但是，《行政处罚法》并未规定证据的收集一定由行政处罚实施机关现场取得。依照法律、行政法规的有关规定，任何单位和个人都有收集违法行为证据并举报违法行为的权利。对违法行为证据确凿的，行政机关可以依法实施行政处罚。

对于来信中反映的交警、稽征等有关部门提供的有关当事人非法从事道路运输经营活动的证据，道路运输管理机构经过核实无误的，应当依照《中华人民共和国道路运输条例》及相关配套规章的规定，按照法定程序，依法对违法经营者进行查处，并实施相应的行政处罚。也就是说，道路运输管理机构可以使用交警、稽征等部门提供的证据。

129. 县级道路运输管理机构是否具备执法主体资格?

来 信 我们是县运管所,在打击"黑车"的执法过程中,有人认为县级道路运输管理机构不具备执法主体资格。请问,《中华人民共和国道路运输条例》第七条第三款规定"县级以上道路运输管理机构"是否含县级道路运输管理机构,《中华人民共和国道路运输条例》第六十三条规定道路运输管理机构具有暂扣车辆权是否含县级道路运输管理机构?

答 《中华人民共和国道路运输条例》第七条第三款规定,县级以上道路运输管理机构负责具体实施道路运输管理工作。同时,第十条第(一)项规定,从事县级行政区域内客运经营的,向县级道路运输管理机构提出申请;第二十五条第(一)项规定,从事危险货物运输经营以外的货运经营的,向县级道路运输管理机构提出申请;第四十条规定,申请从事道路运输站(场)经营、机动车维修经营和机动车驾驶员培训业务的,应当向所在地县级道路运输管理机构提出申请;第六十三条规定,道路运输管理机构的工作人员在实施道路运输监督检查过程中,对没有车辆营运证又无法当场提供其他有效证明的车辆予以暂扣的,应当妥善保管,不得使用,不得收取或者变相收取保管费用;第六十四条规定,违反本条例的规定,未取得道路运输经营许可,擅自从事道路运输经营的,由县级以上道路运输管理机构责令停止经营;有违法所得的,没收违法所得,处违法所得 2 倍以上 10 倍以下的罚款;没有违法所得或者违法所得不足 2 万元的,处 3 万元以上 10 万元以下的罚款;构成犯罪的,依法追究刑事责任。从以上条款可以看出,县级以上道路运输管理机构含县级道路运输管理机构,也就是说,来信中所指的"县运管所"具备道路运输管理的执法主体资格,可以履行《中华人民共和国道路运输条例》规定的行政许可权、市场监督权和行政处罚权。另外,根据国家有关法律的规定,"县级以上"无特别指出,一般含"县级"。

130. 县级道路运输管理机构能否以自己的名义对拖欠运管费的经营者实施行政处罚？

来　信　我是一名基层道路运输管理的执法人员，因近一时期辖区内运输车辆拖欠交通规费现象严重，我们运管所准备对辖区内某运输企业的部分长期拖欠公路运输管理费的车辆采取法律手段，但在开具违法行为通知书时，出现了两种不同的意见：一种意见认为，县运管所可以作为执法主体；另一种意见认为，应该以县交通局的名义实施行政处罚。为此，我们请教了法律顾问，并在研究《公路运输管理费征收和使用规定》和《中华人民共和国道路运输条例》后，认为可以以县运管所的名义对欠费运输企业下达《交通行政案件违法行为通知书》和《交通行政处罚决定书》，并可以作为一个行政执法主体向人民法院申请强制执行。但我们又请教了上级交通部门的法制工作人员，他们认为应该以交通局的名义下达违法行为通知书或向法院申请强制执行。请问，以上两种意见哪种正确？

答　《中华人民共和国道路运输条例》第七条第三款规定，县级以上道路运输管理机构负责具体实施道路运输管理工作。这也就是，通过行政法规的方式授权道路运输管理机构履行道路运输管理职责。由于运管费属行政性事业收费，所以对道路运输经营者征收运管费属于道路运输管理的一部分，因此也应当由道路运输管理机构实施相应的管理。根据《中华人民共和国行政处罚法》的规定，由法律、法规授权的组织可以以自己的名义对违法行为当事人实施行政处罚。所以，对来信反映的道路运输经营者拖欠运管费的违法行为，道路运输管理机构可以以自己的名义对欠费企业下达《交通行政案件违法行为通知书》和《交通行政处罚决定书》，如运输经营者不按规定履行行政处罚决定的，还可以由向人民法院申请强制执行。

131. 执法拍摄的材料可否作为定案证据?

来 信 在查处"黑车"过程中,由于一些乘客不配合,取证的难度相当大,因此,执法人员经常在隐蔽处使用拍摄录像,使"黑车"在事实面前无法狡辩,不得不接受行政处罚。最高人民法院《关于行政诉讼证据若干问题的规定》第五十七条第(二)项规定,以偷拍、偷录、窃听等手段获得侵害他人合法权益的证据材料,不能作为定案证据。请问,这里所说的"偷拍"与道路运输执法中的隐蔽拍摄性质是否一致?道路运输执法中的隐蔽拍摄未侵害"黑车"的合法权益,但是否侵害了其他第三者的合法权益?

答 根据《交通行政处罚程序规定》(交通部 1996 年 7 号令)的规定,交通管理部门在对交通违法实施行政处罚前,除适用简易程序外,必须对案件进行全面、客观、公正地调查,收取证据;必要时,依照法律、法规的规定,可以进行检查。证据包括包括书证、物证、视听材料、证人证言、当事人陈述、鉴定结论、勘验笔录和现场笔录。所以,执法人员在调查"黑车"违法从事运输经营活动时所拍摄的材料,属于《交通行政处罚程序规定》所规定的视听材料,可以作为定案证据。同时,拍摄"黑车"违法行为的录像,不仅没有侵害他人的合法权益,相反,保护了旅客及其他合法经营者的合法权益,即使对违法行为当事人来说,也没有侵害其合法利益,只是客观、公正地记录他的违法行为。只要不侵害他人的合法权益的执法拍摄,就不属于最高人民法院《关于行政诉讼证据若干问题的规定》中的"偷拍",可以作为定案证据。

132. 对使用伪造从业资格证且拒不接受处罚的行为能否暂扣车辆？

来 信 在道路运输执法工作中，我们查处到了使用伪造从业资格证的违法行为，但当事人当场拒不接受处理，而事后又难以执行。请问，能否以证据登记保存的形式暂扣该运输车辆？

答 根据《中华人民共和国道路运输条例》第六十三条规定，道路运输管理机构的工作人员在实施道路运输监督检查过程中，对没有车辆营运证及无法当场提供其他有效证明的车辆予以暂扣的，应当妥善保管，不得使用，不得收取或者变相收取保管费用。所以，暂扣车辆的要件一是无《道路运输证》，二是又无其他有效证明。对使用伪造从业资格证且拒不接受处罚的违法行为，如果同时又无《道路运输证》或其他有效证明的，可以暂扣运输车辆。如果违法行为当事人有《道路运输证》但拒不接受处罚的，道路运输管理机构应当分别按照《道路货物运输及站场管理规定》(交通部2005年第6号令)、《道路旅客运输及客运站管理规定》(交通部2005年第10号令)的第六十条、第八十二条暂扣其《道路运输证》，签发待理证，并在接受处罚后再返还。对于使用伪造从业资格证触犯刑律的，应当移交司法机关依法追究刑事责任。

133. 驾驶员恶意冲撞执法人员该负何责?

来 信 我市运管人员接举报,查处一非法运输车辆。驾驶员看见执法人员后用车恶意冲撞,把运输执法人员撞出10多米。事后,公安部门按照普通的交通事故处理,认定执法人员还要负次要责任。请问,此类撞伤运输执法人员的事故,按照交通事故来处理正确吗?我们该怎样维护自己的权益?

答 根据《中华人民共和国道路运输条例》第五十九条的规定:"运输执法人员经交通主管部门或道路运输管理机构统一组织,可在运输经营场所、客货集散地等源头和公路路口进行执法活动。"另据第六十一条的规定:"道路运输管理机构的工作人员实施监督检查时,可以向有关单位和个人了解情况,查阅、复制有关资料。被监督检查的单位和个人应当接受依法实施的监督检查,如实提供有关资料或者情况。"所以,运输车辆的驾驶员在行驶过程中,如不接受道路运输管理机构的监督检查,违反了《中华人民共和国道路运输条例》的规定,应当予以制止和批评教育,并记录在其档案中,在实施车辆年度审验予以处理;如有违法行为的,应当从严处罚。

对于驾驶员拒不接受检查,使用车辆恶意冲撞执法人员,并造成执法人员人身伤亡的,这不属于交通事故,其行为不仅违反了《中华人民共和国道路运输条例》的规定,而且违反了《中华人民共和国治安处罚法》和《中华人民共和国刑法》的规定,应当移交司法机关依法追究其刑事责任并附带民事责任。

道路运输管理机构对被驾驶员恶意撞伤执法人员的行为,应当及时报案,依法追究当事人的刑事责任,而不应当作为普通的交通事故由有关部门来认定事故责任。如有关部门不作为,道路运输管理机构还可以申请行政复议或提起行政诉讼,切实维护执法人员的合法权益。

134. 对道路运输管理机构行政行为不服的，应当向谁申请行政复议？

来　信　《中华人民共和国行政复议法》第十五条(三)项规定："对法律、法规授权的组织的具体行政行为不服的，分别向直接管理该组织的地方人民政府、地方人民政府工作部门或者国务院部门申请行政复议"。我们运管所是属于行政法规授权的组织，在实施《中华人民共和国道路运输条例》过程中，对行政管理相对方作出行政处罚时，针对《中华人民共和国行政复议法》的上述对复议机关的规定，产生了两种观点。第一种观点认为，只有区交通局才是唯一的复议机关；第二种观点认为，不仅区交通局是复议机关，区人民政府也可以成为当然的复议机关，具体由当事人选择。请问哪种观点是正确的？

答　根据《中华人民共和国道路运输条例》第七条规定："国务院交通主管部门主管全国道路运输管理工作。县级以上地方人民政府交通主管部门负责组织领导本行政区域的道路运输管理工作。县级以上道路运输管理机构负责具体实施道路运输管理工作。"因此，《中华人民共和国道路运输条例》授权县级以上道路运输管理机构履行道路运输管理职责。

《中华人民共和国行政复议法》第十二条、第十三条、第十四条、第十五条对行政复议机关进行了规定。其中第十五条第(三)项规定："对法律、法规授权的组织的具体行政行为不服的，分别向直接管理该组织的地方人民政府、地方人民政府工作部门或者国务院部门申请行政复议"。

因此，道路运输管理机构的行政复议机关，应当按照《中华人民共和国行政复议法》第十五条第(三)项的规定实施行政复议。也就是说，对道路运输管理机构具体行政行为不服的，可以向地方人民政府或地方人民政府交通主管部门提起行政复议。具体说，对县级道路运输管理机构具体行政行为不服的，既可向县级人民政府申请行政复议，又可向县级交通主管部门申请行政复议；对市级道路运输管理机构具体行政行为不服的，既可向市级人民政府申请行政复议，又可向市级交通主管部门申请行政复议；对省级道路运输管理机构具体行政行为不服的，既可向省级人民政府申请行政复议，又可向省级交通主管部门申请行政复议。在案例中，可由当事人具体选择复议机关。

135. 根据《中华人民共和国道路运输条例》第五十四条规定，本地交通主管部门能否对外地的道路运输管理机构进行指导监督？

来　信　我们在学习《中华人民共和国道路运输条例》时，对其第五章第五十四条理解不一致。有一些人说，按照《中华人民共和国道路运输条例》的规定，本地交通主管部门可以对外地道路运输管理机构进行监督指导，如内蒙古呼和浩特市交通局可以对北京密云县的道路运输管理机构实施的道路运输管理工作进行指导监督。请问，这种理解对不对？

答　《中华人民共和国道路运输条例》第五十四条规定，县级以上人民政府交通主管部门应当加强对道路运输管理机构实施道路运输管理工作的指导监督。这里所指的交通主管部门具有特定含义，只包括上级交通主管部门，不包括横向的交通主管部门。如可以对某县道路运输管理所工作进行指导监督的交通主管部门，包括这个县的交通主管部门、本市级交通主管部门、省级交通主管部门和国务院交通主管部门，而不包括另外一县的交通主管部门或外市、省级交通主管部门。

所以，本地交通主管部门不能对外地的道路运输管理机构实施的道路运输管理工作进行指导监督。

136. 道路运输管理机构实施监督检查时，能否拦截正常行驶的道路运输车辆？

来 信 我们在认真学习《中华人民共和国道路运输条例》的过程中，对其第五十九条规定的理解上存在一些疑问。第五十九条第三款规定："道路运输管理机构的工作人员在公路路口进行监督检查时，不得随意拦截正常行驶的道路运输车辆。"这是不是说，我们在公路路口进行监督检查时，如果拦截车辆进行检查，就违反了"不得随意拦截正常行使的道路运输车辆"的规定。请问，如何理解正常行驶的道路运输车辆？

答 《中华人民共和国道路运输条例》第五十九条第三款规定："道路运输管理机构的工作人员在公路路口进行监督检查时，不得随意拦截正常行驶的道路运输车辆。"这是规范道路运输管理机构行政执法行为的规定，目的是为了防止乱检查和执法扰民。

理解这条这款中的意思，要重点放在"不得随意"四个字上。"不得随意"最直接的意思表示，是指未经道路运输管理机构同意，不可以随意上公路路口拦截正常行驶的道路运输车辆。同时，"不得随意"还包括不符合规定到公路路口进行执法，比如说执法人员不到 2 人，还有比如说到管辖区外的公路路口进行执法。

从另一方面讲，经道路运输管理机构同意，在道路运输管理机构的统一组织下，道路运输执法人员可以根据《中华人民共和国道路运输条例》的规定，到公路路口进行执法监督，拦截正常行驶的道路运输车辆进行检查，查处道路运输违法行为。需要强调的是，道路运输执法人员到公路路口执法，必须严格规范执法。

137. 执法人员能否化装成乘客进行执法?

来　信　我是一名道路道路运输执法人员,前一段时间在报纸上看到两名道路运输执法人员在打击“黑车”时着便装,搭了一辆小轿车,并每人付了十元乘车费,当行至半路时对当事人进行处罚,事后被当事人起诉。针对这种情况,我作为一名执法人员有点不明白。请问,道路运输执法人员能否化装成乘客着便装执法?

答　《中华人民共和国道路运输条例》第六十条规定,道路运输管理机构的工作人员实施监督检查时,应当有2名以上人员参加,并向当事人出示执法证件。上述规定并未明确约定不得着便装执法,只是明确执法时必须要向当事人出示证件,并且要有2人以上参加。但在实践中,对于执法人员能否化装成乘客进行执法,存在较大争议。因此,从原则上讲,一般不赞成、不鼓励化装成乘客进行执法,因为这存在“引诱”当事人违法的行为,可能损害当事人的合法权益,给当事人造成精神上的伤害,同时也容易在执法人员实施行政处罚引起争端,激化矛盾。因此,在一般情况下,道路运输管理机构应当不采取这种执法方式,而应当采取其他更为公开、公平、公正的执法方式。

道路运输管理执法人员可以着便装对违法行为案件进行调查取证,需要时可亮明执法身份。需要特别说明的是,由于行政处罚是行政主体作为强势一方向行政相对人即弱势一方作出的处罚,因此保护行政相对人非常重要,而便装执法虽然能够查到一些违法事实,但是造成的危害远远大于达到的处罚效果,因此规范执法程序,严格执法是非常重要的,不应当着便装实施行政处罚。

138. 公路路口的含义是指什么?

来　信　《中华人民共和国道路运输条例》第五十九条规定，道路运输管理机构工作人员可以在道路运输及其相关业务经营场所、客货集散地和公路路口实施检查。请问，公路路口的具体含义是指什么？运输管理人员是否可以在公路上实施检查？

答　《中华人民共和国道路运输条例》第五十九条对道路运输执法场所进行了规定，即道路运输管理机构的工作人员应当重点在道路运输及相关业务经营场所、客货集散地进行监督检查。道路运输管理机构的工作人员在公路路口进行监督检查时，不得随意拦截正常行驶的道路运输车辆。

根据《中华人民共和国道路运输条例》第五十九条的规定，道路运输执法场所包括两个方面：（一）源头。具体包括：（1）经营场所和经营地；（2）客货集散地，如火车站周围、港口码头周围、商品批发市场周围。（二）公路路口。具体包括：（1）上主干路的路口；（2）下主干路的路口；（3）出城和进城的路口；（4）其他公路的路口。

除发现有重大运输违法行为，不予以及时处理可能严重影响旅客、货主和其他当事人生命和财产安全的，在一般情况下，道路运输管理机构不可上公路进行执法。

139. 依法暂扣的车辆应当由谁驾驶?

来　信　《中华人民共和国道路运输条例》第六十三条规定,道路运输管理机构的工作人员在实施道路运输监督检查过程中,对没有车辆营运证又无法当场提供其他有效证明的车辆可以予以暂扣。请问,对暂扣车辆在检查地点开往停车场途中应由运输车辆的驾驶员驾驶,还是应由执法人员驾驶?对此有无具体规定?

答　《中华人民共和国道路运输条例》第六十三条规定,道路运输管理机构的工作人员在实施道路运输监督检查过程中,对没有车辆营运证又无法当场提供其他有效证明的车辆予以暂扣的,应当妥善保管,不得使用,不得收取或者变相收取保管费用。但《中华人民共和国道路运输条例》并未规定在对违法车辆实施暂扣后,在检查地点开往停车场途中由谁驾驶。

由于道路运输管理机构已经对违法车辆实施了暂扣,开具了暂扣车辆的文书,因此对暂扣车辆具有保管职责。所以,在一般情况下,应当由道路运输管理机构执法人员驾驶暂扣车辆。

140. 道路运输管理机构是否还需要以委托名义实施行政处罚?

来 信 《中华人民共和国道路运输条例》明确了道路运输管理机构的执法主体地位,但是对于《中华人民共和国道路运输条例》没有规定的,我们在日常执法中仍然沿用《道路运输行政处罚规定》。对此,执法人员在实施道路运输行政处罚时,对于应该继续以委托名义执法,还是以主体资格执法,产生两种不同意见:一种意见认为,《中华人民共和国道路运输条例》是行政法规,是上位法,法律层次高于《道路运输行政处罚规定》等部门规章,应该从《中华人民共和国道路运输条例》颁布起,以执法主体名义实施道路运输行政处罚;另一种意见认为,《中华人民共和国道路运输条例》虽然法律层次高,但只是规定了道路运输管理机构履行《中华人民共和国道路运输条例》调整内容的执法主体资格,没有规定履行《道路运输行政处罚规定》调整内容的执法主体资格,因此应当继续以委托名义执行《道路运输行政处罚规定》。请问,以上两种意见哪种正确?

答 《中华人民共和国道路运输条例》第七条规定:"国务院交通主管部门主管全国道路运输管理工作。县级以上地方人民政府交通主管部门负责组织领导本行政区域的道路运输管理工作。县级以上道路运输管理机构负责具体实施道路运输管理工作。"这里明确了交通主管部门和道路运输管理机构之间职责分工,同时授权县级以上道路运输管理机构负责具体实施道路运输管理工作。同时,根据《中华人民共和国行政处罚法》第十七条的规定,法律、法规授权的具有管理公共事务职能的组织可以在法定授权范围内实施行政处罚。所以,道路运输管理机构应当以自己的名义实施道路运输行政处罚。需要说明的是,《道路运输行政处罚规定》的一些条款已经与上位法《中华人民共和国道路运输条例》相抵触,因此不得执行。

141. 道路运输管理机构工作人员的家属能从事道路运输经营活动吗？

来　信　我是一名基层道路运输管理人员，在学习《中华人民共和国道路运输条例》中，对《中华人民共和国道路运输条例》第七十七条第（二）项“道路运输管理机构的工作人员参与或者变相参与道路运输经营以及道路运输相关业务的，应当依法给予行政处分”的这一规定理解不透，特别是“变相参与”应如何理解？假设有一名运输管理人员，其妻子或子女均无职业，他的妻子或子女能否申请从事道路运输经营，并按期缴纳国家税费和守法经营？请问：如果运输管理人员的妻子和子女申请从事道路运输经营活动，是否认定道路运输管理人员变相参与了道路运输经营活动？

答　《中华人民共和国道路运输条例》第七十七条规定，道路运输管理机构工作人员参与或者变相参与道路运输经营以及道路运输相关业务的，应当依法给予行政处分；构成犯罪的，依法追究刑事责任。之所以作出这样的规定，主要是为了防止道路运输管理机构工作人员利用责权谋取利益，防止执法不公。

对于道路运输管理机构工作人员的家属来说，作为国家公民，具有选择职业或工作的权利。这是法律赋予的基本权利之一，任何单位和个人不可剥夺和侵犯。所以，道路运输管理机构工作人员的家属，可以选择从事道路运输经营活动和道路运输相关业务经营活动，但必须依照《中华人民共和国道路运输条例》的规定取得道路运输经营资格和相关证件。

道路运输管理机构工作人员在家属从事道路运输或道路运输相关业务经营活动的过程中，不可利用职权为家属直接或间接谋取利益，不可利用职权为其提供便利和透露其他运输经营者的商业秘密等。如果有以上行为的，可以视为参与或者变相参与道路运输经营活动以及道路运输相关业务，可以按照《中华人民共和国道路运输条例》第七十七条规定，依法给予行政处分，构成犯罪的，依法追究刑事责任；如果没有上述行为的，则不属于参与或者变相参与道路运输经营活动以及道路运输相关业务。

142. 非法行为无人查处该怎么办?

来　信　我们是从事客运的驾驶员,从事县内农村旅客运输。最近这里的客运市场秩序非常混乱,非法营运的微型面包车、双排座客货两用车和正常客运班车争抢旅客,已发展到七、八十辆,使正常的客运秩序遭到严重的冲击和破坏。一年来,我们三番五次向当地政府和行业主管部门反映,但至今尚未得到解决,我们投资几十万元的资金现在连交通规费都无法缴纳,我们不知该怎么办?我们希望加大对《中华人民共和国道路运输条例》的执行力度,查处违法行为,保护我们的合法权益。

答　根据《中华人民共和国道路运输条例》第七条的规定,县级以上道路运输管理机构具体负责实施道路运输管理工作。因此,在道路运输市场上存在违法行为,尤其是存在严重违法行为的情况下,道路运输管理机构有职责和责任进行监管,依法查处违法行为。

道路运输管理机构如果不依法履行职责的,县级以上人民政府交通主管部门应当依据《中华人民共和国道路运输条例》第五十四条的规定,加强对道路运输管理机构实施道路运输管理工作的指导监督;上级道路运输管理机构应当依据《中华人民共和国道路运输条例》第五十六条的规定,对下级道路运输管理机构的执法活动进行监督。

道路运输管理机构接到举报后,发现有违法行为但不及时查处的,交通主管部门和上级道路运输管理机构应当依据《中华人民共和国道路运输条例》第七十七条的规定,对道路运输管理机构的有关领导和责任人,依法给予行政处分;构成犯罪的,依法追究刑事责任。

除此之外,道路运输管理机构不能很好地履行职责,及时查处违法行为的,道路运输经营者和有关人员可以提起行政诉讼,起诉道路运输管理机构行政不作为。

143. 区级交通主管部门没有设立道路运输管理机构的，道路运输管理工作是否由区级交通主管部门实施？

来　信　根据《中华人民共和国道路运输条例》第七条规定，县级以上道路运输管理机构负责具体实施道路运输管理工作。但我们在目前的工作中遇到有的设区的市管辖的区级交通主管部门并未设立道路运输管理机构，那么道路运输管理工作的具体实施是否可以由区级交通主管部门直接负责具体实施工作？如果可以，由谁对区级交通主管部门具体实施的行政行为负责指导和监督呢？

答　《中华人民共和国道路运输条例》规定了县级以上道路运输管理机构具体履行道路运输管理职责，负责实施道路运输经营和道路运输相关业务的行政许可、监督检查和行政处罚。

在《中华人民共和国道路运输条例》颁布前，一些市辖区没有设立专门的道路运输管理机构。这主要是考虑这些区的道路运输管理工作的任务不重，没有必要增加一个管理层次，可以由市级道路运输管理机构直接管理，能够满足实际工作的需要。

由于《中华人民共和国道路运输条例》授权县级以上道路运输管理机构具体负责道路运输管理职责，所以市辖区没有设立道路运输管理机构的，不可以由区级交通主管部门具体实施道路运输管理工作，而是应当由市级道路运输管理机构行使相应的管理职权。这既符合国家行政管理的需要和精简、效能的原则，也不违背《中华人民共和国道路运输条例》的精神实质和基本原则，有利于减少管理层次，提高工作效率，降低管理成本，方便当事人。

需要强调的是，《中华人民共和国道路运输条例》颁布后，虽然条例赋予了县级道路运输管理机构许多职权，但是，原来市辖区没有设立道路运输管理机构的，如果实际工作不需要，没有必要设立新的道路运输管理机构。

144. 暂扣车辆保管费应当由谁支付?

来　信　我们在贯彻实施《中华人民共和国道路运输条例》第六十三条规定时,遇到这样一个问题:因为我们运管所自己没有停车场,为了对暂扣的车辆妥善保管,便将暂扣车辆交由有专人看管的企业停车场看管。在对违法行为处理完毕后,交还暂扣车辆时,企业停车场要收取停车保管费。请问,该停车保管费是由暂扣车辆的车主支付还是应当由我们运管所支付?

答　《中华人民共和国道路运输条例》第六十三条的规定:道路运输管理机构的工作人员在实施道路运输监督检查过程中,对没有车辆营运证又无法当场提供其他有效证明的车辆予以暂扣的,应当妥善保管,不得使用,不得收取或者变相收取保管费用。

按照这一规定,道路运输管理机构依法暂扣车辆的,不得向车主收取或者变相收取保管费用,包括不得将车辆放到经营性质的停车场,由停车场管理人员收取停车费。

所以,对于来信中反映的问题,一是道路运输管理机构不宜将暂扣车辆放在经营性的停车场;二是如果将暂扣车辆放在经营性的停车场所发生的费用,应当由道路运输管理机构承担。

145. 道路运输管理机构按照《中华人民共和国道路运输条例》规定在公路路口执法是否合法?

来　信　《中华人民共和国道路运输条例》第五十九条规定:道路运输管理机构的工作人员在公路路口进行监督检查时,不得随意拦截正常行驶的运输车辆。交通部颁布的《道路旅客运输及客运站管理规定》、《道路货物运输及站场管理规定》等对公路路口监督检查作了较为详细的规范,但在具体执法活动中令我们感到困惑的是,我们当地的纪检纠风部门认为,道路运输管理机构在公路路口执法不符合中央、省、市纠风方面的规定。请问,道路运输管理机构能否在公路路口执法,怎样的解释才能得到纠风部门的认可,以便在日后工作中规范执法?

答　关于道路运输管理机构能否在公路路口检查运输车辆问题,《中华人民共和国道路运输条例》已经作出十分明确的规定,即可以在公路路口实施监督检查,其第五十九条规定:"道路运输管理机构的工作人员应当严格按照职责权限和程序进行监督检查,不得乱设卡、乱收费、乱罚款。道路运输管理机构的工作人员应当重点在道路运输及相关业务经营场所、客货集散地进行监督检查。道路运输管理机构的工作人员在公路路口进行监督检查时,不得随意拦截正常行驶的道路运输车辆。"因此,道路运输管理机构依法在公路路口实施监督检查,不能认定为是行业不正之风。

对于有些地方的纪检纠风部门对此还存在一些疑虑的问题,你们应当依据《中华人民共和国道路运输条例》及《道路旅客运输及客运站管理规定》、《道路货物运输及站场管理规定》的规定进一步做好解释、说明工作,争取他们的理解和支持。

146. 临时工能进行道路运输执法活动吗?

来　信　我是一名驾驶员,从事旅客运输,昨天被一运输执法人员拦住,并被执法人员暂扣了《道路运输证》,但我手续齐全,又不超载。当时,我要求执法人员出示执法证明,但他掏不出来。后经打听,原来该执法人员是一名临时工作人员。请问,临时工能否进行道路运输执法,能否查扣车辆和暂扣《道路运输证》?

答　根据交通部印发的《道路运政管理工作规范》第十二章《道路运输执法工作规范》的规定,实施道路运输监督检查活动的检查人员必须是经考核合格并持有执法资格证件的道路运输管理机构的正式职工。因此,来信中反映的临时工是不允许从事道路运输执法活动的,不可以行使暂扣运输车辆和《道路运输证》职权。对来信中反映的使用临时工从事道路运输执法活动的行为,如情况属实,违法了交通部的有关规定,有关部门应当予以查处,追究有关人员责任。另外,根据《中华人民共和国道路运输条例》的规定,道路运输管理机构实施道路运输监督检查活动时,执法人员应当2名以上并向当事人出示执法证件。

147. 道路运输管理机构工作人员是否属国家机关工作人员，对阻碍道路运输执法的人员，能否报请公安机关依法对当事人作出治安处罚？

来　信　《中华人民共和国治安管理处罚法》第五十条第一款规定："有下列行为之一的，处警告或者二百元以下罚款；情节严重的，处五日以上十日以下拘留，可以并处五百元以下罚款：（一）拒不执行人民政府在紧急状态情况下发布的决定、命令的；（二）阻碍国家机关工作人员依法执行职务的；（三）阻碍执行紧急任务的消防车、救护车、工程抢险车、警车等车辆通行的；（四）强行冲闯公安机关设置的警戒带、警戒区的。"根据以上规定，道路运输管理机构工作人员根据《中华人民共和国道路运输条例》的相关规定执行职务遇到当事人阻碍时，能否援引《中华人民共和国治安管理处罚法》第五十条第一款第（二）项的规定，报请公安机关对当事人作出治安处罚，以保障道路运输管理的顺利进行？

答　《中华人民共和国道路运输条例》法律授权县级以上道路运输管理机构负责具体实施道路运输管理工作。因此道路运输管理机构属于依法履行道路运输行政管理职能的事业单位，其工作人员属于国家工作人员。

根据《中华人民共和国道路运输条例》规定，道路运输管理机构工作人员可以向有关单位和个人了解情况，查阅、复制有关资料，被监督检查的单位和个人应当接受依法实施的监督检查，如实提供有关资料或者情况。

道路运输管理机构工作人员依照《中华人民共和国道路运输条例》执行职务时，有关单位和个人必须予以配合，不得阻碍其正常工作。如阻碍执行职务的，道路运输管理机构可报请公安机关依照《中华人民共和国治安管理处罚法》第五十条的规定，对当事人作出治安处罚，保障道路运输执法工作的顺利进行。

148. 上级道路运输管理机构对下级道路运输管理机构的监督包括哪些内容?

来　信　我是一名基层道路运输管理机构的蒙古族执法人员,在执法过程中,经常遇到一些难题。其中,《中华人民共和国道路运输条例》第五十六条第一款规定:“上级道路运输管理机构应当对下级道路运输管理机构的执法活动进行监督。”这里所说的“执法活动”是否包括道路运输经营和道路运输相关业务行政许可、监督检查和行政处罚等?

答　《中华人民共和国道路运输条例》第五十六条规定,上级道路运输管理机构应当对下级道路运输管理机构的执法活动进行监督。之所以这样规定,目的是建立上级道路运输管理机构监督下级道路运输管理机构的管理制度,建立公开、公正、顺畅、高效的管理体制,保证《中华人民共和国道路运输条例》设定的各项制度和规定得到全面贯彻落实,防止道路运输管理机构的不当行为,查处道路运输管理机构的违法行为,保护道路运输经营者以及其他当事人的合法权益。

对于上级道路运输管理机构监督下级道路运输管理机构的内容,应当是《中华人民共和国道路运输条例》规定的全面内容,包括以下方面:一是道路运输管理机构是否按照法定条件、程序实施道路旅客运输、货物运输、道路运输站(场)、机动车维修、机动车驾驶员培训行政许可,是否公平、公开、公正;二是道路运输管理机构是否履行了道路运输监督检查的职责,打击“黑车”和查处损害旅客、货主以及其他消费者合法利益的违法行为;三是道路运输管理机构是否按照《中华人民共和国行政处罚法》和《中华人民共和国道路运输条例》的规定实施行政处罚,法律适用是否准确,证据是否充分,程序是否合法,处罚是否得当;四是监督检查道路运输管理机构是否有参与或者变相参与道路运输经营以及道路运输相关业务的行为,是否有索取、收受他人财物,或者谋取其他利益的行为等。

149. 旅客投诉道路运输违法行为是否受管辖地限制?

来　信　我们是基层道路运输管理机构的工作人员,在道路运输违法行为投诉受理工作中,我们经常碰这样一种情况:某旅客乘坐一客车从A地到C地,途径B地,在B地时被甩客或发生其他运输纠纷,当时该旅客未向B地道路运输管理机构反映,时过数日后,该旅客到B地道路运输管理机构投诉,要求处理该违法运输经营者。另一种情况是,旅客到C地道路运输管理机构投诉,C地道路运输管理机构不予受理,认为依据《中华人民共和国行政处罚法》第二十条"行政处罚由违法行为发生地的县级以上地方人民政府具有行政处罚权的行政机关管辖"的规定,应当由案发地即B地道路运输管理机构受理。但实际情况是,作为案发地道路运输管理机构实在是无从查起。请问:(1)C地道路运输管理机构的说法是否正确?(2)在道路运输违法行为投诉受理工作中,A、B、C三地道路运输管理机构的职责是如何确定的,上级有何文件规定?

答　《中华人民共和国道路运输条例》第五十八条规定:"道路运输管理机构应当建立道路运输举报制度,公开举报电话号码、通信地址或者电子邮件信箱。任何单位和个人都有权对道路运输管理机构的工作人员滥用职权、徇私舞弊的行为进行举报。交通主管部门、道路运输管理机构及其他有关部门收到举报后,应当依法及时查处。"从这条规定看,法律明确了三点:一是道路运输管理机构必须建立道路运输举报制度,方便当事人对道路运输违法行为进行举报;二是任何单位和个人对道路运输经营违法行为和道路运输行政管理违法行为都有举报权,可以依法进行举报;三是交通主管部门、道路运输管理机构及其他有关部门收到举报后,必须依法及时查处。

对于来信中反映的情况,按照《中华人民共和国道路运输条例》的规定,当事人旅客有权向A、B、C任何一地的交通主管部门或道路运输管理机构举报道路运输违法行为,A、B、C任何一地的交通主管部门或道路运输管理机构接到举报后,都有责任对违法行为进行调查处理,不存在旅客举报受地区限制的问题。交通主管部门或道路运输管理机构接到举报后,不依法进行查处的,则违反了《中华人民共和国道路运输条例》的有关规定,应当追究有关人员的责任。

对于有的道路运输管理机构以《中华人民共和国行政处罚法》"行政处罚由违法行为发生地的县级以上地方人民政府具有行政处罚权的行政机关管辖"的规定不受理举报的,是一种错误的理解。《中华人民共和国行政处罚法》的这一规定是对行政处罚管辖权的规定,而不能适用对违法行为的举报。对于违法行为,当事人有权向任何一个有关的道路运输管理机构举报,而且道路运输管理机构收到举报后,必须依法进行调查,经查实,道路运输经营者确有违法行为的,应当依照有关法律、行政法规、规章的规定进行查处,以维护当事人的合法权益。

150. 道路运输管理机构能否在公路路口查处经群众举报的违法运输危险货物的车辆?

来 信 据群众举报,我们运管所4名同志依据《中华人民共和国道路运输条例》第五十九条、六十条的规定,在我区一县道口查获一辆普通货车运输危险物品。经查,该车持有普通货物运输的《道路运输证》,但没有从事危险货物运输的《道路运输证》,违法事实清楚,证据确凿。根据《中华人民共和国道路运输条例》第六十四条的规定,按照“未取得道路运输许可擅自从事路运输经营”下达了违法行为通知书,处3万元罚款,制作了执法文书。最后,根据运输经营业户反复要求和实际情况,罚款采取分期缴纳方式,第一期缴纳了1800元。但是,随后该车主以道路运输管理机构无上路执法权为由,要求退还1800元罚款。请问,道路运输管理机构到底可不可以在公路路口执法?如果不能在公路路口执法,如遇举报我们不查处,万一发生重大事故,是否要追究我们的责任?

答 对于来信中反映的情况,当事人已取得普通货物运输经营资格,但未取得道路危险货物运输经营资格而运输危险货物,因此道路运输管理机构应当依照《危险化学品安全管理条例》、《中华人民共和国道路运输条例》及《道路危险货物运输管理规定》对违法行为当事人实施行政处罚。

对于道路运输管理机构的执法地点问题,应当按照《中华人民共和国道路运输条例》的规定执行。《中华人民共和国道路运输条例》第五十九条规定,道路运输管理机构的工作人员应当严格按照职责权限和程序进行监督检查,不得乱设卡、乱收费、乱罚款;道路运输管理机构的工作人员应当重点在道路运输及相关业务经营场所、客货集散地进行监督检查;道路运输管理机构的工作人员在公路路口进行监督检查时,不得随意拦截正常行驶的道路运输车辆。据此规定,道路运输管理机构不仅可以在道路运输及相关业务经营场所、客货集散地实施监督检查,而且可以在公路路口实施监督检查。尤其是对于来信反映的群众举报的重大违法行为,道路运输管理机构更应当履行好职责,及时查处违法行为,防止发生重大事故,切实保护好人民群众的生命财产安全。

第七章　行政处罚

151. 为偷逃交通规费，擅自改装运输车辆座位数的行为该如何处理？

来　信　我在检查中遇到这样一种情况：有一辆从事客运经营的旅游客车，在车辆出厂时厂家设计有18个座位，运输经营者为了能减少缴纳各种交通规费，擅自拆掉了2个座位，在车辆入户及年审中欺骗公安车辆管理机关和道路运输管理机构，被核定为16个座位。过后，运输经营者再装上2个座位，恢复原状从事运输经营活动。这样缴纳的交通规费减少了，获得的利益增多了。该运输经营者虽擅自改变了车辆的座位数，但该当事人擅自改装的目的是出于减少缴纳交通规费，不是完全意义上的擅自改装已取得《道路运输证》车辆的行为。请问，道路运输管理机构能否以"擅自改装已取得《道路运输证》的车辆"的违法行为，根据《中华人民共和国道路运输条例》第七十一条的规定对其实施行政处罚？是否应责令其补缴相关的交通规费？是否应移交公安车辆管理机关处理？

答　根据《中华人民共和国道路运输条例》和《公路运输管理费征收和使用规定》（[86]交公路字633号）的规定，道路运输经营者不得擅自改装运输车辆，不得偷逃漏公路运输管理费。

对于来信中所反映的情况，当事人实际上有两种违法行为：一是违反《中华人民共和国道路运输条例》的规定，擅自改装运输车辆；二是违反《公路运输管理费征收和使用规定》的规定，偷逃公路运输管理费（当然，还包括其他交通规费）。按照《中华人民共和国行政处罚法》的精神，违法行为当事人有两种及以上违法行为的，应当分别实施行政处罚。因此，道路运输管理机构应当按照《中华人民共和国道路运输条例》第七十一条的规定，对擅自改装已取得《道路运输证》的车辆的行为，由县级以上道路运输管理机构责令改正，处5000元以上2万元以下的罚款；同时，按照《道路运输行政处罚规定》的有关规定，对偷逃公路运输管理费的行为，实施相应的行政处罚并征收滞纳金。当然，对于偷逃其他交通规费的行为，应当按照有关规定，实施相应的行政处罚并征收滞纳金。

需要引起注意的是，道路运输管理机构在其中也存在过错，有失职行为，在配发《道路运输证》的过程中，对车辆以及有关证件的情况审核不严，导致道路运输经营者有机可乘，从而发生后面的违法行为。因此，道路运输管理机构也应当加强管理，并依照相关规定追究有关人员的责任。

152.《道路运输证》被扣后不接受处理，而重新补办《道路运输证》继续从事道路运输经营活动该怎么处理？

来　信　我是宜兴市的一名运输执法人员，在去年检查过程中查到一名驾驶员未办理从业资格证，我扣了他的《道路运输证》，并告诉他七日内到指定地点接受处理。但是驾驶员一直未来处理。今年3月份，我再次查到该车，发现该车已重新补办了《道路运输证》。请问，他这种行为是否属于向道路运输管理机构骗取《道路运输证》的行为？应该按照哪一条规定对其实施行政处罚？

答　对于来信中反映的情况，属于违法行为当事人向道路运输管理机构骗取《道路运输证》的行为，其取得的《道路运输证》，应当认定为无效《道路运输证》，道路运输管理机构应当依法予以收缴。其行为应当视为取得道路运输经营许可但使用无《道路运输证》的车辆参加道路运输经营活动的行为。

道路运输管理机构对于当事人上次的违法行为，应当下达交通行政处罚决定书，予以行政处罚。对于新骗取《道路运输证》继续从事道路运输经营活动的违法行为，违反了《中华人民共和国道路运输条例》及相关配套规章的规定。如是使用骗取的《道路运输证》从事道路货物运输的，道路运输管理机构应当依据《道路货物运输及站场管理规定》（交通部令2005年第6号）第六十四条的规定，由县级以上道路运输管理机构责令改正，处3000元以上10000元以下的罚款；如是使用骗取的《道路运输证》从事道路旅客运输的，道路运输管理机构应当依据《道路旅客运输及客运站管理规定》（交通部令2005年第10号）第八十八条的规定，由县级以上道路运输管理机构责令改正，处3000元以上10000元以下的罚款。由于此类违法行为性质比较严重，道路运输管理机构在实施行政处罚时，可以依法在罚款的幅度内实施较重的处罚。同时，实施处罚的道路运输管理机构应当告知配发《道路运输证》的道路运输管理机构，加强对道路运输经营者的监管，防止此类事情的发生。

153. 取得道路运输经营许可证的业户擅自使用未取得《道路运输证》车辆从事道路货物运输经营活动该如何处理？

来　信　我们运管处的道路运输执法人员在检查中，查获我市一个运输公司，新增一台东风货车，该车在没有办理《道路运输证》的情况下从事道路货运经营活动，我们依据《中华人民共和国道路运输条例》第六十三条的规定对该车予以暂扣。随后，该车驾驶员回公司拿来公司的《道路运输经营许可证》，我们在处罚时出现两种意见：一是应依据《中华人民共和国道路运输条例》第六十四条之规定，按未取得道路运输运输经营许可处理；二是不能按未取得道路运输经营许可处理，只能责令该公司限期为该车办理《道路运输证》。请问，对此种违法行为应该如何处理为好？

答　对于来信中反映的情况，根据《中华人民共和国道路运输条例》以及《道路货物运输及站场管理规定》（交通部令 2005 年第 6 号）第六十四条的规定，按取得道路货物运输经营许可，但道路货物运输经营者使用无《道路运输证》的车辆参加货物运输处理，应由县级以上道路运输管理机构责令改正，处 3000 元以上 10000 元以下的罚款，而不应依据《中华人民共和国道路运输条例》第六十四条的规定实施行政处罚。

154. 无道路运输经营许可证从事非法营运的违法所得仅70元的，该如何处罚？

来　信　我县运管所执法人员查获一辆非法营运的小货车，但该车价值仅6000元，属未取得道路运输经营许可擅自从事道路运输经营活动的行为。我们依据《中华人民共和国道路运输条例》第六十四条规定，给予当事人的处罚是责令停止经营，处当日违法所得70元10倍的罚款。事后，一位同志认为，这辆小货车已经买来经营6个月，应给予当事人自购车之日起所有违法所得2倍以上10倍以下的罚款；另一位同志则认为，应当依据《中华人民共和国道路运输条例》第六十四条规定，没收违法所得，并按违法所得不足2万元，处3万元以上10万元以下的罚款。因小货车经营6个月违法所得是8000元，所以应处3万元的罚款。请问，以上三种处罚，哪种更合适？

答　根据《中华人民共和国道路运输条例》第六十四条的规定，对来信中反映的情况按以下两种情况处理：

（一）未取得道路运输经营许可，擅自从事道路运输经营，没有违法所得或者违法所得不足2万元的，由县级以上道路运输管理机构责令停止经营，处3万元以上10万元以下的罚款；构成犯罪的，依法追究刑事责任。也就是说，经调查取证，如果来信中反映的未取得道路运输经营许可，擅自从事道路运输经营活动的违法所得不足2万元的，处3万元以上10万元以下的罚款。

（二）经认定，包括当日收缴的违法所得和之前的违法所得超过2万元的，处违法所得2倍以上10倍以下的罚款；构成犯罪的，依法追究刑事责任。

155. 道路运输管理机构在实施行政处罚时能否降低处罚标准?

来 信 《中华人民共和国道路运输条例》的实施,标志着我国道路运输行政管理进入了一个新的历史时期。同时,我省的道路运输管理条例也根据国家道路运输条例作了相应的修正。但是我们在具体的行政管理执法工作中也遇到了一个非常具体的问题:国家和地方两个运输条例都对违法经营行为作了明确的规定,在规定的处罚范围内,行政执法人员可以根据具体情况行使裁量权。但我们地方经济落后,经济水平很低,在对违法行为实施处罚时,规定的处罚额度都比较高,即使按最低限处罚,被处罚人也无法承受,他们既不在法定期限内接受处理,又不通过其他法律途径寻求解决办法,而我们执法机关也没有强制执行权,请求法院强制执行也有很多困难和不实际的地方,导致行政处罚无法执行到位,管理效果很差。请问,我们在具体执法过程中能否对违法行为在法规规定最低处罚额度以下,根据具体情节降低处罚标准实施处罚,不知这样做是否属于违法执法?

答 《中华人民共和国道路运输条例》及地方性法规对道路运输违法行为已设定了行政处罚,同时考虑到各地情况不同以及违法行为的轻重不同,对罚款的行政处罚设定了一定的幅度,允许道路运输管理机构在实施行政处罚时根据实际情况决定罚款数额。

对于来信反映的道路运输管理机构实施行政处罚时能否低于处罚标准最低额的问题,根据《中华人民共和国行政处罚法》的规定,不允许低于处罚标准的最低额,但符合《中华人民共和国行政处罚法》第二十七条规定的,当事人有下列情形之一的,道路运输管理机构可以依法从轻或者减轻行政处罚:(一)主动消除或者减轻违法行为危害后果的;(二)受他人胁迫有违法行为的;(三)配合行政机关查处违法行为有立功表现的;(四)其他依法从轻或者减轻行政处罚的。另外,违法行为轻微并及时纠正,没有造成危害后果的,不予行政处罚。

需要说明的是,道路运输管理机构在实施行政处罚时,依照法律规定,可以有一定的自由裁量权，但如果超越自由裁量权，不按照《中华人民共和国行政处罚法》和《中华人民共和国道路运输条例》及其配套规章实施行政处罚，而是擅自降低罚款数额的，也是一种违法行为，需要予以纠正。按照有关法律规定，擅自提高罚款标准和擅自降低罚款标准，都是不允许的。

156. 借口修车改变运输线路从事经营活动的行为能否处罚?

来　信　从事班线客运经营需随车携带《道路运输证》和客运线路标志牌,必须按照规定的线路、公布的班次行驶。不按照规定的路线、公布的班次行驶的,应当按照《中华人民共和国道路运输条例》第七十条第(一)项处1000元至3000元的罚款。但是如果车主借口修车为由,在批准的客运线路之外行驶,请问是否可以按照《中华人民共和国道路运输条例》第七十条第(一)项的规定实施行政处罚?

答　根据《中华人民共和国道路运输条例》第七十条第(一)项的规定,不按批准的客运站点停靠或者不按规定的线路、公布的班次行驶的,应当由道路运输管理机构责令改正,处1000元以上3000元以下的罚款;情节严重的,由原许可机关吊销道路运输经营许可证。所以,只要有以上违法行为的,道路运输管理机构应当实施行政处罚。对于来信中反映的问题,不是能不能处罚的问题,而是道路运输管理机构能否取得足够证据的问题,只要道路运输管理机构有证据证明道路运输经营者有擅自变更运输线路的违法行为,那不管经营者以何种借口,包括修车的借口,都可以对其实施相应的行政处罚。但是,如果道路运输管理机构没有证据证明道路运输经营者有擅自变更运输线路的违法行为的,道路运输经营者确实是修车或者未参与经营活动的,道路运输管理机构则不得对其实施行政处罚。

157. 处罚不到位时能否在行政处罚决定书上填写符合法律规定的罚金，而实际工作中少收？

来 信 未取得道路运输经营许可擅自从事道路运输经营活动的重大交通行政案件，应当根据《中华人民共和国道路运输条例》第六十四条的规定，应处以3万元以上10万元以下的罚款。但在实际处罚的操作中，很难按该条规定实施到位，常常是低于下限3万元的标准。请问在这种情况下，行政处罚决定书上的处罚金额如何填写，是填3万元还是实际处罚金额？据了解，某县运管所对一“黑车”实施处罚，行政处罚决定书上填写1万元罚款，该县法院开庭审理认为，其适用的法律法规错误，判该县运管所行政诉讼败诉。

答 根据《中华人民共和国行政处罚法》的规定，实施行政处罚必须严格执行法律、法规的规定，要求对违法行为事实的认定清楚，法律依据正确，证据确凿，实施主体是法律法规规定的行政机关或授权的组织。其中，在实施罚款的行政处罚时，“严格执行”既包括不得超越法律、法规规定的最高限额，又包括不得擅自突破最低限额，必须在法律、法规规定的幅度内。因此，对来信中反映的道路运输管理机构依照《中华人民共和国道路运输条例》对违法行为实施行政处罚时，应当适用法律依据正确，过罚相当，不得因为执行难的问题擅自降低标准，也不得在行政处罚决定书上填写符合法律规定的罚金而实际工作少收，否则是违法行为。如果擅自提高或降低标准，当事人一旦提起行政诉讼，道路运输管理机构都将败诉。

158. 未使用道路货物运单的能否处罚？

来　信　我是基层运管所的工作人员，在运输检查工作中，我们辖区内的道路运输经营业户经常反映因未随车携带“道路货物运单”而被外省道路运输管理机构处罚的情况。请问这样处罚对吗？

答　根据《道路货物运输及站场管理规定》(交通部2005年第6号令)第七十八条的规定，1997年5月22日发布的《道路货物运单使用和管理办法》废止。因此，道路运输管理机构不得再依据《道路货物运单使用和管理办法》的规定实施相应的管理和行政处罚。同时，由于实体法已经废止，所以道路运输管理机构也不得依据《道路运输行政处罚规定》的有关条款对未使用道路货物运单的道路货物运输经营者实施行政处罚。

159. 无《道路运输证》有运管费缴讫证的车该怎么处罚?

来　信　我是一名基层运输行政执法人员,在执法检查中发现一辆货运车辆无《道路运输证》,但该车有运管费缴讫证。据当事人陈述,该车确实没有办理《道路运输证》。请问,有运管费缴讫证的车辆能否将其视为合法运输经营活动?还是可以予以处罚?

答　根据《中华人民共和国道路运输条例》的规定,从事道路运输经营活动的,必须取得道路运输经营许可证,车辆取得车辆营运证(即指《道路运输证》)。对于来信中反映的当事人使用无《道路运输证》但有运管费缴讫证的车辆从事道路货物运输经营活动的,尽管该当事人已经按照法律规定缴纳了运管费,但由于合法从事道路运输经营活动的前提条件是向道路运输管理机构提出申请,依法取得道路运输经营许可证,车辆取得《道路运输证》,而当事人并未取得这两个证件,因此应当视为未取得合法证件,属于非法经营活动,道路运输管理机构应当依据《中华人民共和国道路运输条例》及《道路货物运输及站场管理规定》的有关条款对当事人实施行政处罚。如当事人未取得道路运输经营许可证从事道路运输经营活动的,应当按照《中华人民共和国道路运输条例》第六十四条的规定,由县级以上道路运输管理机构责令停止经营;有违法所得,处违法所得2倍以上10倍以下的罚款;没有违法所得或者违法所得不足2万元的,处3万元以上10万元以下的罚款;构成犯罪的,依法追究刑事责任。如当事人已取得道路运输经营许可证但车辆未取得《道路运输证》的,应当依据《道路货物运输及站场管理规定》第六十四条的规定,由县级以上道路运输管理机构责令改正,处3000元以上10000元以下的罚款。

需特别指出的是,道路运输管理机构对未取得《道路运输证》的车辆收取运管费的行为是错误的,应当予以纠正,追究有关责任人的责任。

160. 客运班车因道路改造而改变运输线路的行为是否应该处罚?

来　信　我们运管所执法人员查获一辆从南充发往宁波的省际客运班车,该车规定线路为南充经苍溪、广元、西安、郑州、南京至宁波,而车辆确绕道四川盐亭县。车主辩称,车辆绕道盐亭是经批准的,并传真了一份四川省公路运输管理局给南充市运管处的批复,该批复的内容为:因苍溪段改道,同意南充某运输公司开行的南充经苍溪、广元、西安、郑州、南京至宁波的省级客运班线,临时绕道途经盐亭、绵阳、广元、西安、郑州、南京至宁波,待道路改造完工后,恢复原批准的线路运行,并要求南充市运管处通知企业按以上批复办理有关营运手续。

我们运管所对这种行为是否应该处罚,有两种不同意见:一种意见认为,既然四川省公路运输管理局同意其绕道,那么就不应该处罚。另一种意见认为,四川省公路运输管理局给南充市运管处的批复,虽然同意绕道,但同时要求南充市运管处通知企业按批复办理有关营运手续,而该车没有办理绕道证明,仅凭批复是不行的,应该按照《中华人民共和国道路运输条例》第七十条(一)项规定,以不按规定线路行驶对其进行处罚。请问该车这种绕道行为,我们是否应该进行处罚?

答　根据《中华人民共和国道路运输条例》的规定,道路旅客运输经营者在取得客运班线经营资格后,应当按照规定的运输线路运营,不得擅自变更运输线路、站点。对于客运经营者擅自变更运输线路的,道路运输管理机构应当依据《中华人民共和国道路运输条例》第七十条的规定,处1000元以上3000元以下的罚款;情节严重的,由原许可机关吊销道路运输经营许可证。但是,由于不可抗力或者其他外界因素导致需要客运经营者改变线路的,在经交通主管部门或道路运输管理机构同意或旅客同意后,可临时改变运输线路,对于这种情况,道路运输管理机构不得对客运经营者实施行政处罚。

对来信中反映的情况,属于道路改造引起的,而非客运经营者的原因,并且经四川省公路运输管理局批准同意临时绕道运行,所以,对于这种情况,不宜按照擅自改变运输线路对其实施行政处罚。但是,由于改变运输线路需要有关手续的,客运经营者也应当按照有关规定及时办理。

161.《道路货物运输及站场管理规定》对无《道路运输证》的违法行为是否设有行政处罚?

来　信　交通部颁布的《道路货物运输及站场管理规定》第六十二条只对未取得道路货物运输经营许可证擅自从事道路货物运输经营活动设定了行政处罚,但没有对无《道路运输证》的违法行为设定专门的行政处罚。请问,对道路运输经营许可证还在有效期限内的,《道路运输证》已逾期的违法行为该如何处罚,是否应参照《中华人民共和国道路运输条例》第六十四条规定进行处罚?

答　交通部颁布的《道路货物运输及站场管理规定》要求从事道路货物运输的车辆需要取得《道路运输证》,对于道路货物运输经营者使用无《道路运输证》的车辆参加货物运输经营活动的,在第六十四条设定了行政处罚。因此,对于使用无效《道路运输证》从事道路货物运输经营活动的,应将其视为无《道路运输证》,县级以上道路运输管理机构应当按照《道路货物运输及站场管理规定》第六十四条的规定,责令运输经营者改正,处3000元以上10000元以下的罚款。但如果道路货物运输经营者不按照规定携带《道路运输证》的,由县级以上道路运输管理机构责令改正,处警告或者20元以上200元以下的罚款。因此对于道路运输经营许可证还在有效期限内的,《道路运输证》已逾期的违法行为,不可以参照《中华人民共和国道路运输条例》第六十四条的规定实施行政处罚。

162. 未付运费的口头协议能否作为实施处罚的证据?

来 信 我们运管处执法人员在检查中发现,一长安面包车涉嫌非法营运。经查,该车乘客是包车,并与驾驶员(也是车主)口头协商运价40元并讲好到目的地才付运费,途中被执法人员查获,有乘客笔录。此前已有人举报投诉该车经常非法从事包车业务,我们按照《中华人民共和国道路运输条例》的规定拟对违法行为当事人罚款3万元。请问,还未付运费的口头协议,能否作为本案的处罚依据?如果能,有无相关法律规定?

答 按照《中华人民共和国行政处罚法》和《交通行政处罚程序规定》(交通部令1996年第7号)的规定,证据包括书证、物证、视听材料、证人证言、当事人陈述、鉴定结论、勘验笔录和现场笔录。从来信反映的情况看,当事人属于未取得道路运输经营许可,擅自从事道路旅客运输的行为。来信中反映有乘客的"未付运费的口头协议"笔录,可以作为该车辆非法营运的证据,虽然旅客还未付运费,但违法行为的事实存在,因此只要有能够证明违法行为的证据链,道路运输管理机构就可以依据《中华人民共和国道路运输条例》第六十四条的规定,对其实施行政处罚。

163. 农用车运输旅客该怎么处罚？

来　信　我县是内蒙中西部地区的一个农业县城，过去开辟了一条五原至包头的商贸班车线路，客源主要是县商贸城的个体商贩。为了个体商贩进货的需要，早上从县城出发到包头，批上货后晚上返回，客运线路开通多年来，运输经营效益一直不错，而且也确实方便了经销商。但近一段时间以来，一些有货运经营证件的农用车进入这个市场，与客车争客抢市场，而且发展得非常快，由一辆发展到四、五辆，究其原因，就是方便、灵活，揽上六、七位乘客就能赚钱。这些农用车主辩解说，摊主租车拉货是因为客运班车已到难以维系的程度。请问，对农用车拉客的这种情况是否可依据《中华人民共和国道路运输条例》第六十四条的规定，按未经许可擅自从事客运经营进行处罚？

答　按照《中华人民共和国道路运输条例》的规定，从事道路旅客运输的，应当经道路运输管理机构批准，取得道路旅客运输经营许可证。

农用车只能从事道路货物运输，不得以搭载货主为由从事道路旅客运输。对于来信中反映的使用农用车从事道路旅客运输的行为，违反了《中华人民共和国道路运输条例》的规定，应当按照未取得道路运输经营许可实施行政处罚。而且，由于农用车不符合从事道路旅客运输的条件，容易发生道路交通事故，难以保障旅客的生命和财产安全，所以道路运输管理机构应当加大监督检查力度。

164.《中华人民共和国道路运输条例》第六十五条的处罚对象是谁？

来　信　我从事运输管理工作多年，终于盼来了《中华人民共和国道路运输条例》出台，感到非常高兴。在学习过程中，认为该条例第六十五条的处罚对象不明确。第六十五条规定，不符合本条例第九条、第二十三条规定条件的人员驾驶道路运输经营车辆的，由县级以上道路运输管理机构责令改正，处200元以上2000元以下的罚款，构成犯罪的，依法追究刑事责任。我不清楚这一条处罚规定是处罚驾驶人员还是道路运输经营者？

答　《中华人民共和国道路运输条例》第六十五条规定，不符合本条例第九条、第二十三条规定条件的人员驾驶道路运输经营车辆的，由县级以上道路运输管理机构责令改正，处200元以上2000元以下的罚款；构成犯罪的，依法追究刑事责任。由于《中华人民共和国道路运输条例》第九条、第二十三条是分别对客、货运经营资格的条件要求，所以这是针对道路运输经营者的。

道路运输管理机构在实施监督检查的过程中，发现有不符合《中华人民共和国道路运输条例》第九条、第二十三条规定条件的人员驾驶道路运输经营车辆的，应当处罚道路运输经营者。因为主要责任在道路运输经营者，道路运输经营者在聘用有关驾驶人员时没有进行严格把关，让不具备资格条件的人员驾驶运输车辆。而且，驾驶人员所代表的也是道路运输经营者的资格和行为。

当然，驾驶人员不符合《中华人民共和国道路运输条例》第九条、第二十三条规定条件驾驶道路运输车辆发生事故的，不能免除责任，同样要承担经济赔偿的民事责任，触犯刑律的，还要依法追究刑事责任。因此，不符合规定条件的驾驶人员，不得驾驶道路运输车辆。另外，驾驶人员伪造相应的证明材料或资格证件的，他也应当承担相应的法律责任。

165. 行政处罚票据上应当盖谁的印章?

来　信　《中华人民共和国道路运输条例》规定,国务院交通主管部门主管全国道路运输管理工作,县级以上地方人民政府交通主管部门负责组织领导本行政区域的道路运输管理工作,县级以上道路运输管理机构负责具体实施道路运输管理工作。我们在实施该条例时,发现对道路运输经营业户实施行政处罚的罚款票据上加盖的单位印章不统一,有的是某县交通局行政章或财务章,有的是某县道路运输管理所财务章或收费章,这影响了《中华人民共和国道路运输条例》的严肃性,而且可能因印章不规范被提起行政诉讼。请问,在道路运输行政处罚票据上应盖什么印章?

答　《中华人民共和国道路运输条例》第七条规定,国务院交通主管部门主管全国道路运输管理工作,县级以上地方人民政府交通主管部门负责组织领导本行政区域的道路运输管理工作,县级以上道路运输管理机构负责具体实施道路运输管理工作。根据这一规定,《中华人民共和国道路运输条例》授权县级以上道路运输管理机构负责具体实施道路运输管理工作。所以,道路运输管理机构可以以自己的名义实施行政处罚。

道路运输管理机构按照《中华人民共和国道路运输条例》实施行政处罚时,应当根据《交通行政处罚程序规定》(交通部 1996 年第 7 号令)的规定,在《交通行政处罚决定书》和罚没财物统一收据上加盖道路运输管理机构的行政印章。

166. 不按规定线路行驶的应当按《中华人民共和国道路运输条例》的哪一条规定实施行政处罚？

来　信　我们在学习《中华人民共和国道路运输条例》时发现，其第七十条第(一)项不按批准的客运站点停靠或者不按规定的线路、公布的班次行驶的行政处罚，容易与其第六十四条的未取得道路运输许可擅自从事道路运输经营的行政处罚相混淆。这两种违法行为不同，处罚的标准也相差很大，如果处理不当，可能会给当事人造成很大损失。请问，在道路运输执法实践中，对这种不按规定线路行驶的违法行为应当如何定性，应当依据哪一条实施行政处罚。

答　《中华人民共和国道路运输条例》第六十四条规定，未取得道路运输经营许可，擅自从事道路运输经营的，由县级以上道路运输管理机构责令停止经营；有违法所得的，没收违法所得，处违法所得 2 倍以上 10 倍以下的罚款；没有违法所得或者违法所得不足 2 万元的，处 3 万元以上 10 万元以下的罚款；构成犯罪的，依法追究刑事责任。第七十条第(一)项规定，客运经营者、货运经营者不按批准的客运站点停靠或者不按规定的线路、公布的班次行驶的，由县级以上道路运输管理机构责令改正，处 1000 元以上 3000 元以下的罚款；情节严重的，由原许可机关吊销道路运输经营许可证。以上两条分别对无证经营和不按规定客运线路和站点停靠的违法行为设定了相应的行政处罚。

由于不按规定客运线路和站点停靠的，具有一定超越经营范围的性质，因此一些同志认为应当按无证经营实施行政处罚，但这是不正确的，因为第七十条第(一)项对客运经营者不按批准的客运站点停靠或者不按规定的线路、公布的班次行驶的违法行为，作出了非常明确的处罚规定。

由于不按规定的客运线路行驶的违法行为的处罚已在第七十条第(一)项有明确规定，而且违法行为情节轻重与其处罚额度相当，从保护当事人合法权益和起到相应的惩戒目的角度出发，因此道路运输管理机构在实施行政处罚时，应当依据《中华人民共和国道路运输条例》第七十条第(一)项实施行政处罚，而不宜按照《中华人民共和国道路运输条例》第六十四条的规定实施行政处罚。

167. 到异地接旅客按超范围经营和提加服务费为由处罚对吗?

来　信　我是一名驾驶员,受理了一项运输业务,由唐山到某省接送旅客,可当地道路运输管理机构以超范围营运和提加劳务费为由罚款900元。我的车辆的《道路运输证》经营范围栏内填写的是旅游客运,去异地接人的手续齐全,有包车牌、预约书、协议书、租车票。在返回途径另一省时,又被此处春运检查人员拦车检查,又罚款1700元。但罚款单据使用的却是该省行政事业性收费基金专用票据。请问,以上处罚对吗?罚款票据使用行政事业性收费基金专用票据是否合适?

答　根据交通部的有关规定,在证件齐全和包车客运手续齐全的情况下,有关道路运输管理机构按照跨区域从事经营活动对道路运输经营者实施行政处罚是不对的,应当责令改正,退还当事人罚款。

在同一运输过程中,对同一行为已由有关道路运输管理机构已经实施行政处罚(尽管处罚不对)的情况下,另一省有关道路运输管理机构对此再次实施行政处罚,更是不对的,违反了《中华人民共和国行政处罚法》和《中华人民共和国道路运输条例》的规定。尤其是使用行政事业性收费基金专用票据代替罚没财物统一收据,属于典型的公路“三乱”行为,应当责令改正,并追究有关领导和责任人的责任。

168. 如何理解《中华人民共和国道路运输条例》中的第三十五条和第六十四条的规定？

来　信　根据《中华人民共和国道路运输条例》第六十四条规定，未取得道路运输经营许可擅自从事道路运输经营活动的，由县级以上道路运输管理机构责令停止经营，并按规定予以处罚。而第三十五条则规定，道路运输车辆运输旅客的，不得违反规定载货；运输货物的，不得运输旅客，违反规定由公安机关交通管理部门依照《中华人民共和国道路交通安全法》的有关规定进行处罚。对此，是否可以理解为，道路运输管理机构在履行《中华人民共和国道路运输条例》第六十四条职责时，应排除第三十五条规定管理职责。也就是说，货运车辆未经许可载客，客运车辆未经许可载货的，不属于道路运输管理机构的职责范围，而属公安机关交通管理部门的职责。请问这种理解对吗？

答　《中华人民共和国道路运输条例》第三十五条和第六十四条规定的含义是不同，相互之间并不矛盾和抵触。

《中华人民共和国道路运输条例》第三十五条规定："道路运输车辆运输旅客的，不得超过核定的人数，不得违反规定载货；运输货物的，不得运输旅客，运输的货物应当符合核定的载质量，严禁超载；载物的长、宽、高不得违反装载要求。违反前款规定的，由公安机关交通管理部门依照《中华人民共和国道路交通安全法》的有关规定进行处罚。"这是对车辆载客、载货的具体规定，主要是与《中华人民共和国道路交通安全法》第四十九条和第五十条的规定保持一致。《中华人民共和国道路交通安全法》规定，机动车载人不得超过核定的人数，客运机动车不得违反规定载货；禁止货运机动车载客。货运机动车需要附载作业人员的，应当设置保护作业人员的安全措施。这是按照《中华人民共和国道路交通安全法》的规定，由公安部门履行道路安全管理职责。

而《中华人民共和国道路运输》第六十四条规定，未取得道路运输经营许可，擅自从事道路运输经营的，由县级以上道路运输管理机构责令停止经营；

有违法所得的，没收违法所得，处违法所得 2 倍以上 10 倍以下的罚款；没有违法所得或者违法所得不足 2 万元的，处 3 万元以上 10 万元以下的罚款；构成犯罪的，依法追究刑事责任。这是根据《中华人民共和国道路运输条例》的规定，对无证经营的违法行为设定的行政处罚。这是按照《中华人民共和国道路运输条例》的规定，由道路运输管理机构履行法定职责。

所以，对于使用客车从事货物运输经营活动或者使用货车从事旅客运输经营活动的，道路运输管理机构应当依据《中华人民共和国道路运输条例》第六十四条的规定实施行政处罚。

169. 如何执行《中华人民共和国道路运输条例》第六十四条规定的按违法所得倍数处罚和按绝对数额进行罚款两种处罚方式?

来　信　《中华人民共和国道路运输条例》第六十四条规定,未取得道路运输经营许可,擅自从事道路运输的,由县级以上道路运输管理机构责令停止经营;有违法所得的,没收违法所得,处以违法所得2倍以上10倍以下的罚款;没有违法所得或违法所得不足2万元的,处以3万元以上10万元以下的罚款。但是对如何运用定额处罚和违法所得倍数处罚,大家没有统一认识,因此请予以明确。

答　《中华人民共和国道路运输条例》第六十四条规定的处罚,既规定了按违法所得倍数处罚,又规定了按绝对数额进行罚款两种处罚方式。具体理解如下:

第一层次是未取得道路运输经营许可,擅自从事道路运输经营,其违法所得在2万元以上的违法行为。对这种违法行为,应当由县级以上道路运输管理机构责令停止经营,没收违法所得,处违法所得2倍以上10倍以下的罚款。

第二层次是未取得道路运输经营许可,擅自从事道路运输经营,其无违法所得或者违法所得在2万元以下的违法行为。对这种违法行为,应当由县级以上道路运输管理机构责令停止经营,处3万元以上10万元以下的罚款。

上述两个层次的行政处罚是分开执行的,按第一层次执行了行政处罚的,就不能再按第二层次执行;按第二层次执行了行政处罚的,就不能再按第一层次执行,两个层次只能按实际情况适用一种。

170. 只有投诉人的证言能否处罚运输经营者?

来　信　我是一名负责受理投诉的道路运输管理人员,如受理投诉时只有证人证言,被投诉人拒不承认,该如何处理?如投诉人有车票,是否可以作为有效证据?

答　在处理旅客和其他当事人的投诉时,既要考虑旅客和其他当事人的利益,又要考虑道路运输经营者的利益。道路运输管理机构在处理投诉时,要按照《道路运输服务质量投诉管理规定》的程序进行受理和处理,这样才能确保旅客、其他当事人和道路运输经营者多方的利益。

从来信反映的情况看,投诉人了有明确的投诉对象、还有车票等证据,已经具备了投诉受理的条件,因此道路运输管理机构应当予以受理。道路运输管理机构受理投诉后,应当分两种情况处理:

第一种情况是,如果车票等物证能够证明道路运输经营者有侵权行为的,应当责令运输经营者进行赔偿;有违法行为的,按《中华人民共和国道路运输条例》及配套规章的规定实施行政处罚。

第二种情况是,如果车票等物证还不能证明道路运输经营者有侵权行为的,不可以轻易认定道路运输经营者有侵权行为,还不可以直接依据投诉人的投诉责令运输经营者赔偿和处罚道路运输经营者。因此,道路运输管理机构在掌握投诉人的证言、车票等物证的基础上,还需要进行调查核实,包括查阅道路运输经营者以前的经营行为等。经调查核实,道路运输经营者确有侵权行为的,应当予以查处,并责令经营者赔偿;道路运输经营者无侵权行为的,应当不予处理。道路运输管理机构对已核实的道路运输经营者的违法或侵权行为记录在其档案中,作为道路运输经营者诚信资料。

171. 如何认定违法行为当事人？

来　信　我是一名基层运管所的执法人员，在执法过程中，特别是查非法营运时，经常遇到以下四种情况，造成认定处罚主体时含糊不清的困难，希望能给我一些建议。

（一）在查非法营运时，会遇到驾驶员是该车现在的车主，可是机动车行驶证上注明的却是另外一个人，现在的车主和机动车行驶证上的车主是私下买卖，没有去公安机关变更登记，这种情况怎么认定处罚主体？是两个都是处罚对象，还是只认机动车行驶证上的或者是现在的车主？

（二）机动车行驶证上的车主和检查时发现的该车驾驶员是雇佣关系，比如机动车行驶证上的车主是不知情和知情的状态下，这样的情况怎么认定处罚对象？

（三）机动车行驶证上的车主和检查时发现的该车的驾驶员是租赁关系，比如机动车行驶证上的车主是不知情和知情的状态下，这样的情况怎么认定处罚对象？

（四）机动车行驶证上的车主和检查时发现的该车的驾驶员是借用关系，比如机动车行驶证上的车主是不知情和知情的状态下，这样的情况怎么认定处罚对象？

答　根据《中华人民共和国行政处罚法》的规定，实施行政处罚必须以事实为依据，与违法行为的事实、性质、情节以及社会危害程度相当。同时还规定，实施行政处罚，纠正违法行为，应当坚持处罚与教育相结合，教育公民、法人或者其他组织自觉守法。对于来信中反映的四个问题，都属于如何认定违法行为当事人的问题。所以，实施道路运输行政处罚时，必须遵守《中华人民共和国行政处罚法》的规定。

根据《中华人民共和国行政处罚法》和《中华人民共和国道路运输条例》的规定，对擅自从事道路运输经营的违法行为当事人的认定，判断的标准是：谁是违法行为的组织者、行为者和获利者，而不是用于非法运输的车辆的所有权是谁。车辆仅是违法行为的工具，而不是违法行为的组织者、行为者和获利者，所以在执法过程中，不能简单地把车辆是谁的，就判定谁是违法行为当事人。举一个例子就很容易理解，有一个人借了别人一把刀，并用这把刀去杀人，有关部门在认定犯罪嫌疑人时，就不能简单地认定刀的所有人为犯罪嫌疑人。

根据以上原则，对于来信中反映的四种情况，应当作如下认定：

第一种情况，如果新车主与原车主已经完成车辆的买卖关系（只不过没有依法办理过户手续），在原车主不知情的情况下，新车主未经许可，使用车辆擅自从事道路运输经营活动的，应当对新车主实施行政处罚，并可依法暂扣车辆，同时应当将车辆发生交易的行为告知公安部门，由公安部门对当事人实施相应的行政处罚。当然，车辆完成买卖后，不按照法律规定进行过户是错误的，应当移交公安机关处理；如果在完成车辆的买卖关系后，新、旧车主未经许可，一同擅自从事道路运输经营活动的，那么处罚对象是新、旧两车主。

第二种情况，车主与驾驶员存在雇佣关系。在车主不知情的情况下，驾驶员使用车辆擅自从事道路运输经营活动的，应当只对驾驶员实施行政处罚，但可扣暂车辆；如果车主在知情并获利的情况下，驾驶员使用车辆擅自从事道路运输经营活动的，应当对车主和驾驶员实施处罚。

第三种情况，车主与驾驶员存在租赁关系。驾驶员未经许可擅自从事道路运输经营活动的，应当只对驾驶员实施行政处罚，但可暂扣车辆。这种情况下，车主一般都并不知情，参与违法行为的可能性很小。

第四种情况，车主与驾驶员存在借用关系。驾驶员未经许可擅自从事道路运输经营活动的，应当只对驾驶员实施行政处罚，但可暂扣车辆。这种情况与第三种情况基本相同，车主一般都不知情，参与违法行为的可能性很小。

对于第三、四种情况，如果有确凿证据证明车主也参与非法经营活动的，那么也应当对车主实施行政处罚。

对于以上后三种情况，如果有证据证明车主参与非法经营活动的，原则上在《交通行政处罚决定书》上，处罚对象的名称应当书写车主的姓名或名称；如果车主没有参与非法经营活动的，处罚对象的名称应当书写驾驶员的姓名。

对于车主和驾驶员同时违法的，应当由车主和驾驶员共同承担罚金，但车主和驾驶员如何分摊罚金，则由车主和驾驶员划定责任。

道路运输管理机构在执法过程中，对于只有驾驶员有违法行为的，也应当把驾驶员的违法行为及时通知车主，以便起到教育和加强管理的目的，杜绝此类违法行为的重复发生。

根据《中华人民共和国道路运输条例》第六十四条的规定，未取得道路运输经营许可，擅自从事道路运输经营的，由县级以上道路运输管理机构责令停止经营；有违法所得的，没收违法所得，处违法所得 2 倍以上 10 倍以下的罚款；没有违法所得或者违法所得不足 2 万元的，处 3 万元以上 10 万元以下的罚款；构成犯罪的，依法追究刑事责任。由于此类违法行为的罚款数额较高，所以道路运输管理机构在执法的过程中，一定要慎之又慎，一定要重证据、重违法行为事实，必须深入细致地做好案件的调查工作，切不可凭主观行为来判断并实施行政处罚，否则会给当事人造成巨大损失。

172. 客车超载应当按照哪一条法律规定实施行政处罚？

来　信　我们在检查当中，发现有客车超载的行为，对此，有的同志认为应当按《中华人民共和国道路运输条例》第三十五条由公安机关交通管理部门依照《中华人民共和国道路交通安全法》实施处罚；有的同志则认为应当按《道路运输行政处罚规定》第九条第（十四）项由道路运输管理机构实施处罚。请问应按哪一条处罚？

答　对于客车超载违法行为的处罚权限，《中华人民共和国道路运输条例》第三十五条已明确规定："道路运输车辆运输旅客的，不得超过核定的人数，不得违反规定载货；运输货物的，不得运输旅客，运输的货物应当符合核定的载质量，严禁超载；载物的长、宽、高不得违反装载要求。违反前款规定的，由公安机关交通管理部门依照《中华人民共和国道路交通安全法》的有关规定进行处罚。"因此，应当由公安机关交通管理部门按照《中华人民共和国道路交通安全法》实施行政处罚，而不应当由道路运输管理机构按照《道路运输行政处罚规定》的规定实施行政处罚，因为《道路运输行政处罚规定》已经与上位法《中华人民共和国道路运输条例》相抵触。

173. 偶尔未按核定的客运线路行驶，到非线路途经地运输旅客的该如何处罚？

来　信　我是一名道路运输执法人员，在工作中遇到一些难以认定的违法行为，如长途客运班车核定的线路是甲地至乙地，但有一次这辆车从乙地返回时拐到丙地带了几个人，丙地不是核定线路的途经地，那么丙地的道路运输管理机构应该如何认定此车的违法行为呢？我认为，应该按照《中华人民共和国道路运输条例》第七十条第（一）项的规定，客运经营者不按规定的线路行驶的，由县级以上道路运输管理机构责令改正，处1000元以上3000元以下的罚款；但有的同志认为应按照《道路旅客运输及客运站管理规定》第八十四条（二）项规定，认定为未取得丙地——甲地的道路客运班线经营许可擅自从事班车客运经营的行为，违法所得不足2万元，因此处3万元以上10万元以下的罚款。以上两种意见哪个正确？

答　根据《中华人民共和国道路运输条例》规定，道路客运经营者应当按照批准的客运线路行驶、停靠。对于来信中反映的情况，属于不按批准的客运站点停靠或者不按规定的线路、公布的班次行驶的违法行为，因此应当按照《中华人民共和国道路运输条例》第七十条的规定，由县级以上道路运输管理机构责令改正，处1000元以上3000元以下的罚款；情节严重的，由原许可机关吊销道路运输经营许可证。这样理解，主要考虑到两个方面：一是《中华人民共和国道路运输条例》对不按规定线路行驶的违法行为的处罚作了十分具体、明确的规定；二是来信中反映的违法行为的性质、对社会的危害，与《中华人民共和国道路运输条例》第七十条第（一）项所规定的违法行为的性质、危害相当，按照过罚相当的原则，按此条处罚较为适当。

174. 使用取得货运经营资格的货车从事客运经营的，能暂扣车辆吗？

来　信　《中华人民共和国道路运输条例》第六十三条规定，道路运输管理机构的工作人员在实施道路运输监督检查过程中，对没有车辆营运证又无法当场提供其他有效证明的，可以暂扣车辆。按照这个规定，有两种情况可以扣车：第一种是"黑车"；第二种是可能有道路运输经营许可证，但又无法当场提供其他有效证明的运输车辆。但我们在实际工作中，遇到一个难题，如执法人员发现某货运车辆在运行过程中，有擅自从事客运经营的行为，经现场询问和检查该货车，只能出示货运经营的《道路运输证》，无客运经营的证件。对此，有几个问题：一是这种情况下是否可以根据《中华人民共和国道路运输条例》第六十三条规定，按无法当场提供客运经营的有效证明的车辆予以暂扣；二是是否可以暂扣《道路运输证》；三是如不能暂扣车辆，而不在当场收缴事后难以执行的情况下，应当如何采取有效措施，来纠正违法行为；四是如果可以暂扣《道路运输证》，但外籍车辆也会出现事后难以执行的情况，因为现在道路运输管理机构未建立全国或全省的车辆信息平台，很难对外籍车辆的违法行为进行相互通报。所以运输车辆被暂扣《道路运输证》后，仍然可以按遗失办理新的《道路运输证》，从而逃脱行政处罚。请问该怎么处理？

答　《中华人民共和国道路运输条例》对暂扣车辆的情形作了明确规定，其第六十三条规定："道路运输管理机构的工作人员在实施道路运输监督检查过程中，对没有车辆营运又无法当场提供其他有效证明的车辆予以暂扣的，应当妥善保管，不得使用，不得收取或者变相收取保管费用。"这条设定的强制措施，主要是为了有效查处未取得《道路运输证》的车辆从事道路运输经营活动的行为。按照这条规定，符合暂扣车辆的情形包括两种：一是没有车辆营运证，即无《道路运输证》；二是无法当场提供其他有效证明的车辆。除此之外，均不可暂扣车辆。

对于使用取得货运经营资格的货车从事客运经营的行为，由于车辆已经取得了《道路运输证》，只不过其经营范围为道路货运，因此对于这种情形，不宜暂扣车辆。这样理解，主要考虑到：一是该车辆已经取得了《道路运输证》，不属于无《道路运输证》的行为；二是由于车辆的运输经营者明确，可以按照法律规定对其实施行政处罚，维护道路运输市场秩序；三是对于当事人拒不接受处罚的，道路运输管理机构还可以暂扣《道路运输证》，签发待理证，待接受处罚后交还；四是道路运输管理机构还可以通过沟通信息，采取其他监管措施确保对违法行为当事人进行查处。

当然，对于使用取得货运经营资格的货车从事客运经营的行为不暂扣其车辆，并不意味着其违法行为不严重；相反，使用取得货运经营资格的货车从事客运经营的行为是一种非常严重的违法行为，存在严重的安全隐患，对旅客人身安全构成严重威胁。因此，按照《中华人民共和国道路运输条例》及《道路旅客运输及客运站管理规定》的规定，这种违法行为属于未取得道路旅客运输经营许可擅自从事道路旅客运输经营活动的行为，应当由县级以上道路运输管理机构责令停止经营；有违法所得的，没收违法所得，处违法所得 2 倍以上 10 倍以下的罚款；没有违法所得或者违法所得不足 2 万元的，处以 3 万元以上 10 万元以下的罚款；构成犯罪的，依法追究刑事责任。

175. 超越核定客运线路违法组客、带客,是否应当按照未取得道路运输经营许可实施行政处罚?

来 信 我是一家运输公司的承包车主,自去年11月份以来,江苏某运输公司的夜班大客车线路走向是京沪高速,却长期在江西境内昭关、邵伯、真武、杨庄等乡镇非法组客、违法带客、恶意压价,严重扰乱了客运市场秩序,使我的客车无法正常经营,合法利益受到侵犯,我多次向道路运输管理机构举报。这个月,执法人员在邵伯镇将该车查获,共非法组客8人。道路运输管理机构认定,该运输经营者违反了《中华人民共和国道路运输条例》第七十条第(一)项的规定,属于不按规定线路行驶、不按批准站点停靠的违法行为,给予罚款2000元。我认为对该运输经营者处罚不当,不能有效打击违法行为,应当按照违反《中华人民共和国道路运输条例》第六十四条规定处罚,即未取得道路运输经营许可,擅自从事道路运输经营活动。对第六十四条的理解不仅包括"黑车",也应包括虽然取得道路运输经营许可,但符合下列三种情形的行为:一是超越道路运输经营许可证范围;二是使用无效车辆营运证;三是班车客运经营者不按批准的线路和停靠站点营运。对此,我多次向道路运输管理机构反映情况,但工作人员坚持认为,不能以违反《中华人民共和国道路运输条例》第六十四条来处罚该违法行为。由于处罚太轻,至今该车的违法行为得不到遏制。

答 根据《中华人民共和国道路运输条例》的规定,道路旅客运输经营者应当按照核定的客运线路从事经营活动,不得擅自改变行驶路线。对于不按批准的客运站点停靠或者不按规定的线路、公布的班次行驶的违法行为,《中华人民共和国道路运输条例》已作出明确的处罚规定,其第七十条规定:客运经营者不按规定的线路、公布的班次行驶的,由县级以上道路运输管理机构责令改正,处1000元以上3000元以下的罚款;情节严重的,由原许可机关吊销道路运输经营许可证。因此,对于来信中反映的客运经营者在核定的线路以外非法组客、违法带客的行为,应当按照《中华人民共和国道路运输条例》

第七十条的规定实施行政处罚，而不应当按照未取得道路运输经营许可实施行政处罚。这样理解，主要是因为违法行为当事人已经取得道路客运许可，且部分线路是经核定的线路。另外，对于未取得道路运输客运经营许可擅自从事道路旅客运输经营活动的行为，不能按照来信中的有关内容来理解，而应当是以下四种情形：（一）未取得道路客运经营许可，擅自从事道路客运经营的；（二）未取得道路客运班线经营许可，擅自从事班车客运经营的；（三）使用失效、伪造、变造、被注销等无效的道路客运许可证件从事道路客运经营的；（四）超越许可事项，从事道路客运经营的。

176. 使用《〈道路运输证〉待理证》的复印件从事道路货运经营活动该如何实施行政处罚?

来 信 我们在近期执法检查过程中发现一辆营运货车经营者使用《〈道路运输证〉待理证》复印件从事道路货物运输经营,待理证在有效期内。对该运输经营者进行处理时存在两种不同见解:第一,认为该运输经营者使用无效的《道路运输证》,应当没收待理证复印件,并对该车实施暂扣;第二,认为可按照《中华人民共和国道路运输条例》第六十九条规定,按照不按规定携带《道路运输证》处理。请问,我们该如何进行处理?

答 根据《中华人民共和国道路运输条例》规定,从事道路运输的车辆应当取得《道路运输证》,并且应当随车携带《道路运输证》,不得转让、出租。对于使用《〈道路运输证〉待理证》复印件从事道路货运经营活动的行为,应当认为复印件不具备法律效力,认定《〈道路运输证〉待理证》复印件为无效证件,并分不同情形进行处理:

第一种,如当事人已经取得道路货运经营许可且货运车辆已经取得《道路运输证》,只不过道路运输经营者未随车携带《道路运输证》,只携带《〈道路运输证〉待理证》复印件的,那么应当按照《中华人民共和国道路运输条例》第六十九条的规定认定货运经营者不按照规定携带《道路运输证》,由县级以上道路运输管理机构责令改正,处警告或者 20 元以上 200 元以下的罚款。

第二种,如当事人已经取得道路货运经营许可,但货运车辆未取得《道路运输证》,携带的《〈道路运输证〉待理证》的复印件应为假证,那么应当按照《道路货物运输及站场管理规定》第六十四条规定,认定货运经营者取得道路货物运输经营许可但使用无《道路运输证》的车辆参加货物运输,应当由县级以上道路运输管理机构责令改正,处 3000 元以上 10000 元以下的罚款。

第三种,如当事人未取得道路货运经营许可,且使用假的《〈道路运输证〉待理证》复印件,其行为属于未取得道路运输经营许可擅自从事道路运输经营的违法行为,应当按照《中华人民共和国道路运输条例》第六十四条的规定,由县级以上道路运输管理机构责令停止经营;有违法所得的,没收违法所得，处违法所得2倍以上10倍以下的罚款；没有违法所得或者违法所得不足2万元的，处3万元以上10万元以下的罚款；构成犯罪的，依法追究刑事责任。

另外，如使用假证、制造假证的行为触犯法律的，应当移交司法机关查处。

177. 私自在货车车厢上安装30厘米铁栏杆的，能否按照《中华人民共和国道路运输条例》实施行政处罚？

来　信　近期我们在检查时，查获一辆有《道路运输证》的解放牌货车。该车未经相关部门的批准同意，在原有核定的车厢上安装了30厘米高的铁栏杆，用铁螺栓固定在车厢板上。请问，对此行为能按照《中华人民共和国道路运输条例》的规定进行处罚吗？

答　为保持运输车辆技术状况良好，保证运输安全，根据《中华人民共和国道路运输条例》的规定，禁止擅自改装已取得车辆营运证的运输车辆。为此，交通部印发了《关于进一步加强道路运输车辆改装管理工作的通知》（交公路发[2006]158），其中规定擅自改装道路运输车辆包括擅自改变车辆类型或用途、擅自改变车辆颜色、擅自改变车辆主要总成部件和擅自改变车辆外廓尺寸或者承载限值。对于私自在货车车厢上安装30厘米铁栏杆的行为，属于擅自改变车辆外廓尺寸，破坏了车辆本身结构和性能，给车辆行驶带来安全隐患，也可能产生超载超限，因此属于擅自改装车辆的行为。对于这类违法行为，应当按照《中华人民共和国道路运输条例》第七十一条第二款的规定，由县级以上道路运输管理机构责令改正，处5000元以上2万元以下的罚款。

178. 罚款3000元是否属于重大案件?

来　信　我是运管所的一名执法人员,请问罚款3000元是否属于重大案件,是否需要向上级交通主管部门报告和组织听证?

答　《交通行政处罚程序规定》(交通部1996年第7号令)第二十五条第一款规定,交通管理部门在作出责令停产停业、吊销证照、较大数额罚款的行政处罚前,当事人要求听证的,案件调查人员应当记录在案,交通管理部门应当组织听证;同时第二款规定,本条第一款所指的较大数额,地方交通管理部门按省级人大常委会或者人民政府规定或其授权部门规定的标准执行;交通部直属的交通管理机构按5000元以上执行;港务(航)监督机构按10000元以上执行。由此可以看出,属于重大案件的包括三类:第一,责令停产停业;第二,吊销证照;第三,较大数额罚款。前两类较为清楚,而对于"较大数额罚款",《交通行政处罚程序规定》对地方交通管理部门实施行政处罚罚款的数额并未作出具体规定,而是按照省级人大常委会或者人民政府规定或其授权部门规定的标准执行。因此,对于来信中反映的"罚款3000元"是否属于重大案件,应当根据当地省级人大常委会或者人民政府规定或其授权部门规定的标准执行。如属于,则需要向上级交通部门报告和组织听证;如不属于,则不需要向上级交通部门报告和组织听证。

179. 运输车辆未按规定办理过户手续，而新车主使用车辆和原有关证件从事道路运输经营活动该怎么办？

来　信　我们运管所执法人员在进行检查时，经常发现有车辆发生易主后双方不办理过户手续，而新车主继续从事运输经营活动。对此情况，我们运管所执法人员有不同意见：一种意见认为不能处罚，因为《中华人民共和国道路运输条例》中对此无明文规定；另一种意见认为应给予以相应的处罚。究竟是否应当处罚，请予以答复。

答　根据《中华人民共和国道路运输条例》的规定，从事道路运输经营活动必须依法申请，符合法定条件，取得道路运输经营许可和资格证件。未取得道路运输经营许可的，不得从事道路运输经营活动。

按照《中华人民共和国道路运输条例》的精神，其规定并未禁止运输车辆过户。因此，为使车辆等设备得到好的利用，如需要，运输车辆的所有人可以依法办理车辆过户手续。但是，《中华人民共和国道路运输条例》并不允许《道路运输证》进行转让、租借，其第三十四条规定："道路运输车辆应当随车携带车辆营运证，不得转让、出租。"这主要是，道路运输经营许可证件是依照法律规定向符合法定条件的申请人颁布的，具有针对性，转让、租借后的当事人可能不具备道路运输经营活动的条件，如让其使用转让、租借的道路运输经营许可证件从事道路运输经营活动，可能发生道路运输事故，影响旅客、货主及其他当事人的生命和财产安全。所以，对于双方不按照法律规定办理车辆过户手续从事道路运输经营活动的行为，应当予以查处。

按照法律规定，运输车辆是可以进行过户的。在过户中，如新的车主已经取得相应的道路运输经营资格，那么道路运输管理机构可按照《中华人民共和国道路运输条例》的规定向车辆配发《道路运输证》；如新的车主未取得相应的道路运输经营资格，那么新车主应当按照《中华人民共和国道路运输条例》的规定申请道路运输经营许可，道路运输管理机构批准同意的，可从事道路运输经营活动。未批准的，不得从事道路运输经营活动。

对于道路运输经营者未按规定办理运输车辆过户手续，并转让的《道路运输证》的，道路运输管理机构应当按照《中华人民共和国道路运输条例》第六十七条规定对其实施行政处罚。而新车主使用未进行依法办理过户手续的运输车辆和原有关证件从事道路运输经营活动的，如其原来已经取得了道路运输经营许可资格，则应当按照《道路旅客运输及客运站管理规定》第八十八条或《道路货物运输及站场管理规定》第六十四条的规定，将其车辆《道路运输证》视为无效证件，定性为使用无《道路运输证》的车辆参加营运的违法行为，由县级道路运输管理机构责令改正，处3000元以上10000元以下的罚款；如其未取得道路运输经营许可，则应当按照《中华人民共和国道路运输条例》第六十四条规定，将其视为未取得道路运输经营许可擅自从事道路运输经营活动的行为，由县级以上道路运输管理机构责令停止经营；有违法所得的，没收违法所得，处违法所得2倍以上10倍以下的罚款；没有违法所得或者违法所得不足2万元的，处3万元以上10万元以下的罚款；构成犯罪的，依法追究刑事责任。

180. 与行车路单人数不符可不可以处罚?

来　信　我县有一辆38座的大客车,经营县城至省城的班线客运,全程260公里。去年9月3日从县城汽车客运站发车,发车路单上填写为20人,在途又上5位旅客,由于途中没有客运站,行至某市时被某区的运管所执法人员查到,称其路单人数与实载人数不符,路单上为20人,从县城到省城的人数就必须是20人,要按《中华人民共和国道路运输条例》第七十条第(一)项的规定予以处罚。不知此种做法是否正确?

答　《中华人民共和国道路运输条例》没有对行车路单进行规定,也没有规定客车旅客人数与出站行车路单人数不符的可以实施行政处罚。

在运输过程中,由于上下旅客等因素,可能出现客车人数与车辆出站时的行车路单人数不一致的情况,因此道路运输管理机构不可以以旅客人数与行车路单人数不符为由对道路运输经营者实施行政处罚。同时,无合法理由和违法事实,道路运输管理机构也不可按《中华人民共和国道路运输条例》第七十条第(一)项的规定对道路运输经营者实施行政处罚。

181. 未携带道路运输经营许可证应当被处罚吗?

来　信　近来,我们不断接到道路运输业户的投诉,称其运输车辆经常因未携带《道路运输经营许可证》而遭到部分地区道路运输管理机构的罚款,罚款多达千元。这样处理严重损害了道路运输经营者的利益,使道路运输经营者蒙受损失,同时也损害了道路道路管理机构的权威性和严肃性,运输经营业户反应强烈。按照有关规定,《道路运输经营许可证》不需要随车携带,也不能作为检查的项目。请问,按照《中华人民共和国道路运输条例》的规定,这些道路运输管理机构的以上做法对吗?

答　根据《中华人民共和国道路运输条例》的规定,申请从事客、货运输经营的,应当取得《道路运输经营许可证》,这是从事道路运输经营的资格证件。另根据交通部《关于启用新版道路运输经营证件的通知》的规定,《道路运输经营许可证》实行一户一证,挂在固定的经营场所,不需要随车携带。

所以,根据交通部的有关规定,各级道路运输管理机构实施监督检查时,不得以未随车携带《道路运输经营许可证》为由,对当事人实施行政处罚。如果道路运输管理机构和执法人员以此为由实施行政处罚的,属于公路"三乱"行为,应当予以查处,追究有关责任人的责任。